GW01607486

Het stap voor stap
TEKENBOEK
E·G·LUTZ
Micah Wade

1
2
3
4
5
E.G.L.

2
3
4
5
E.G.L.

Het stap voor stap
TEKENBOEK
E·G·LUTZ
LANNOO

HOE WERKT DIT BOEK?

De bedoeling van dit boek is dat je de laatste prent in de reeks, de afgewerkte tekening dus, natekent.

De andere prenten uit de reeks stellen de tussenstappen voor bij het maken van je tekening. Begin bij één, ga dan naar twee, enzovoort. Ze maken je duidelijk in welke volgorde je je potloodlijnen het best kunt zetten. De stippellijntjes geven aan waar je hulplijnen moeten komen. Dat zijn heel lichte lijntjes die je helpen om je tekening 'goed' te krijgen: de juiste verhoudingen, de globale vorm van je onderwerp of de plaats waar de details moeten komen. Druk niet te hard op je potlood als je die hulplijnen tekent, dan kun je ze achteraf weer uitgommen.

Om cirkels te tekenen is een passer handig, maar je kunt ook een muntstuk of knoop gebruiken.

Een vijfpuntige ster tekenen

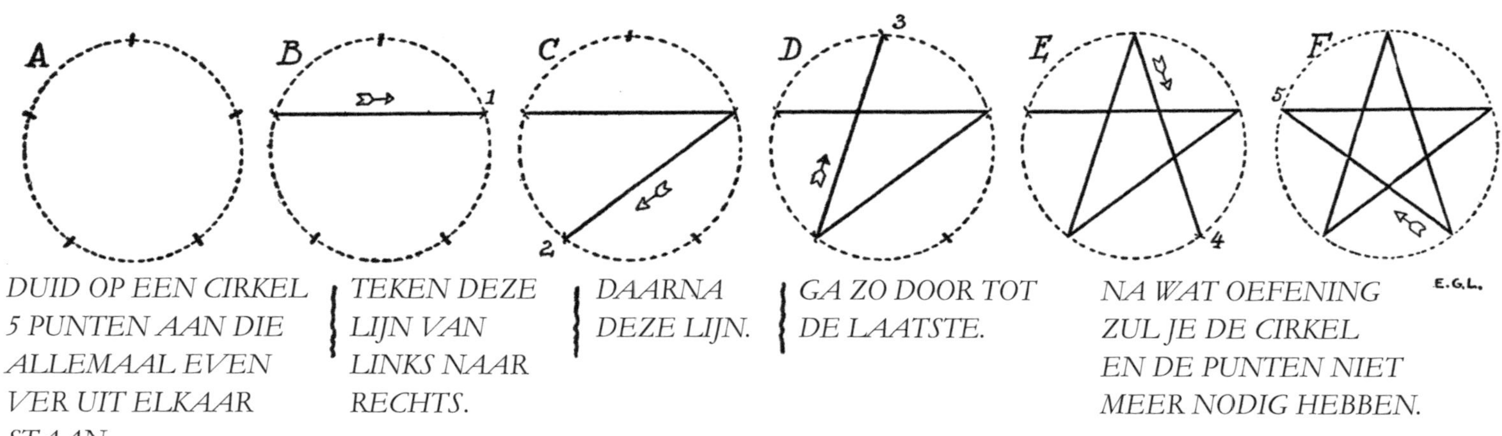

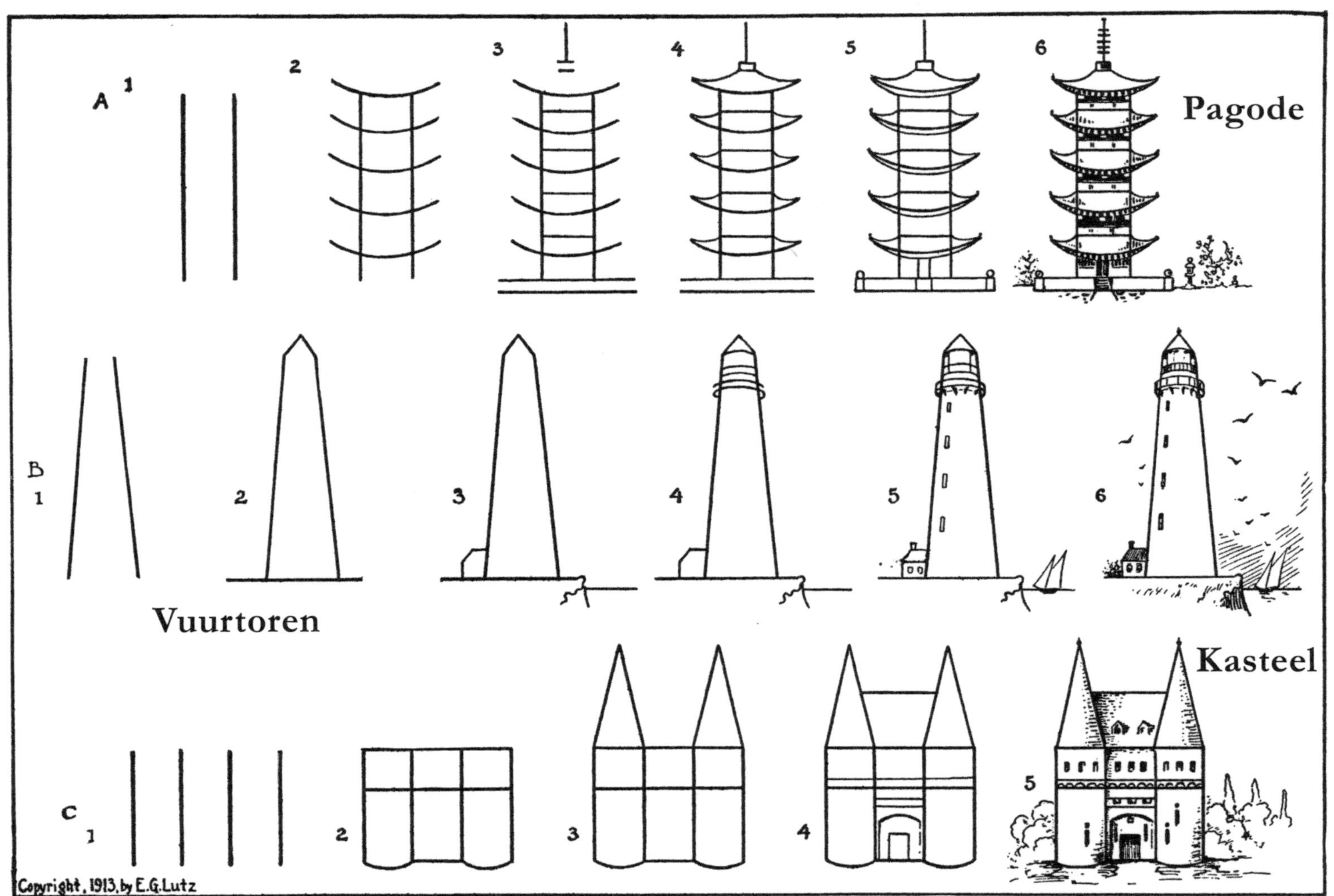
A 1
2
3
4
5
6
Pagode
B 1
2
3
4
5
6
Vuurtoren
Kasteel
C 1
2
3
4
5
Copyright, 1913, by E.G.Lutz

Tent

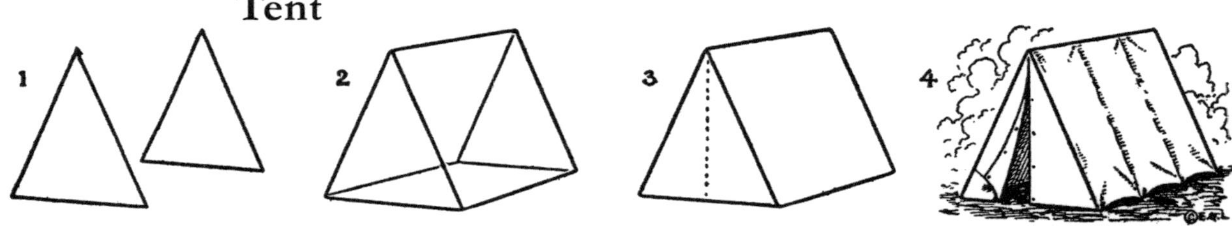

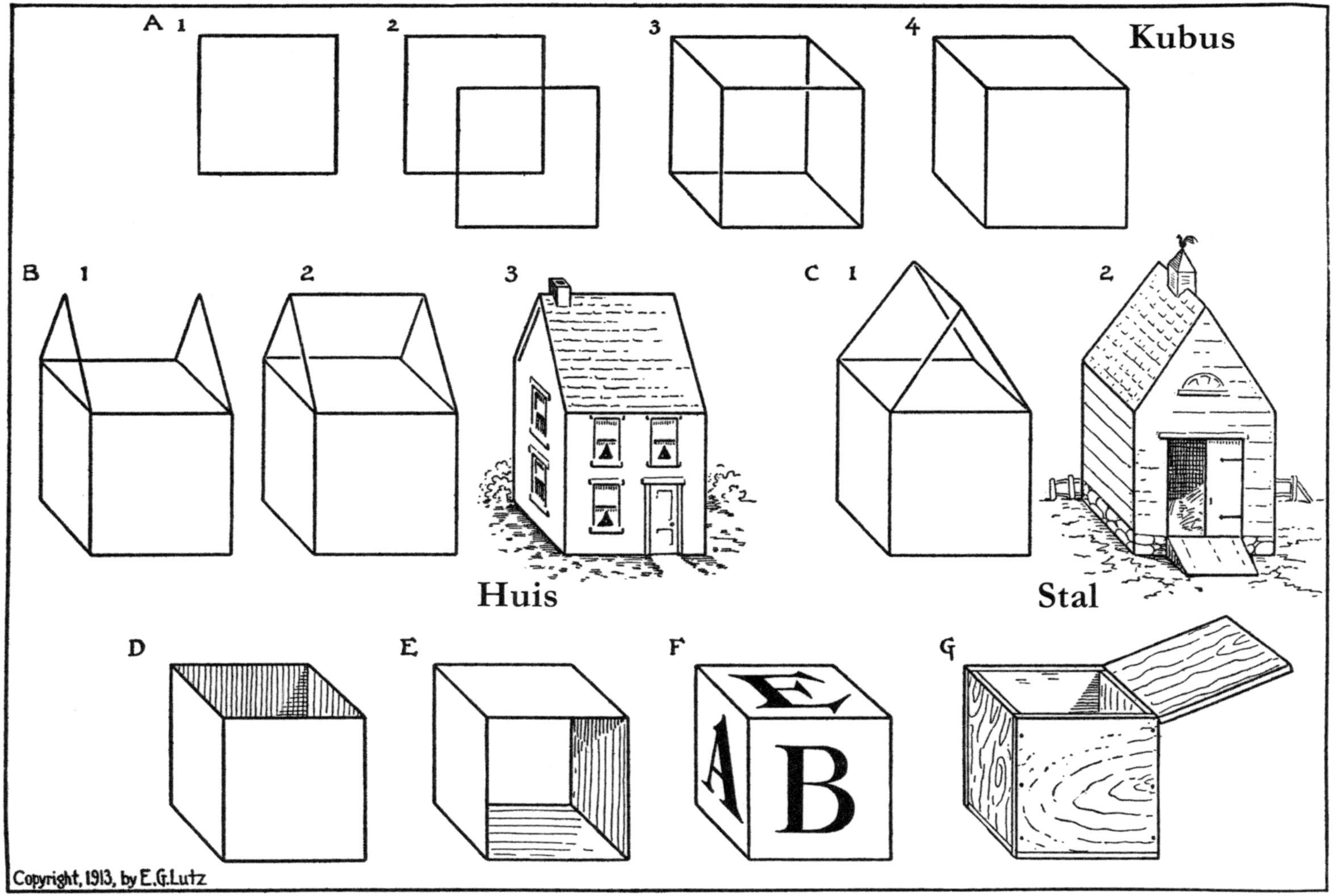
A 1
2
3
4
Kubus
B 1
2
3
C 1
2
Huis
Stal
D
E
F
G
E
A
B
Copyright, 1913, by E.G.Lutz

Speelgoedpaard

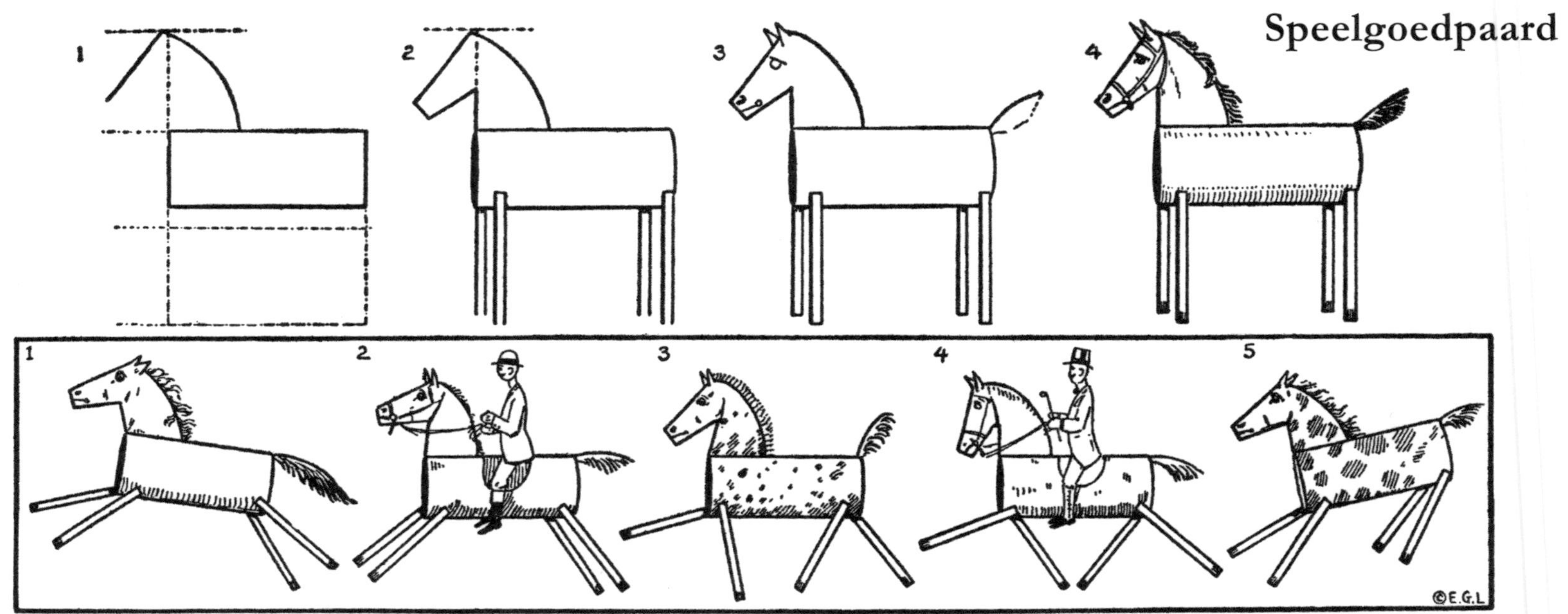

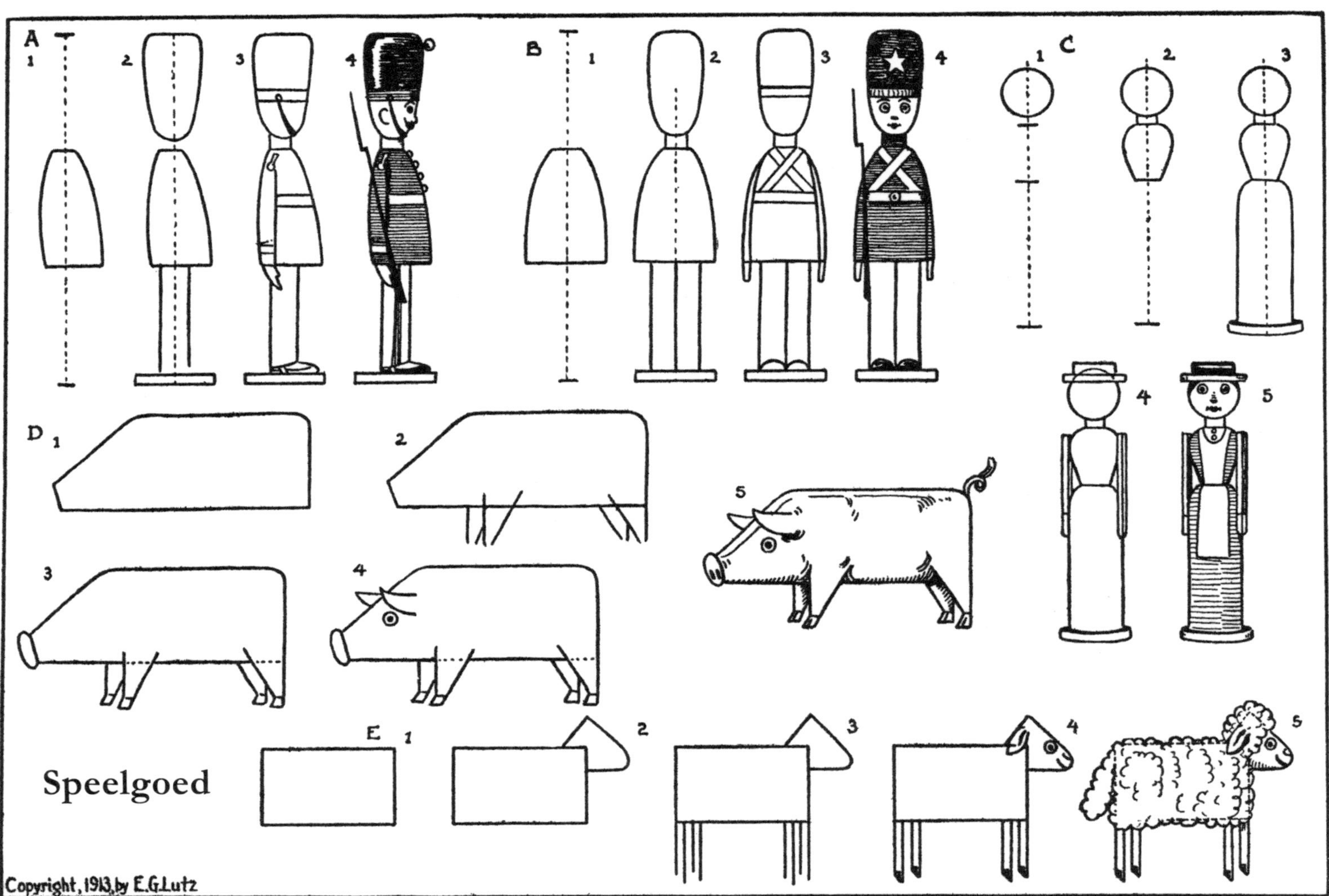
A
B
C
D
E
Speelgoed
Copyright, 1913, by E.G.Lutz

Kroonkraanvogel

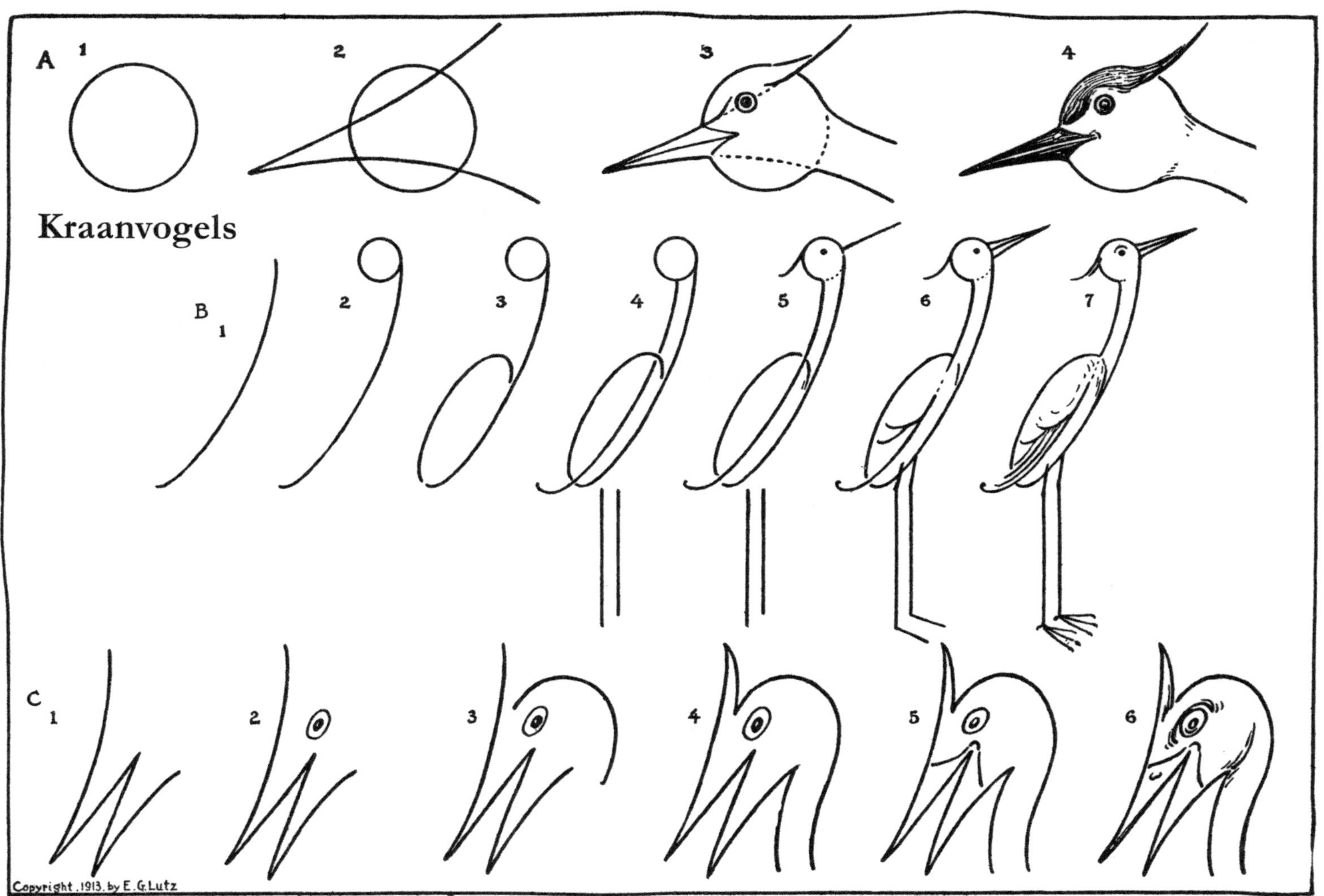
A
1
2
3
4
Kraanvogels
B
1
2
3
4
5
6
7
C
1
2
3
4
5
6
Copyright. 1913. by E. G. Lutz

Kat

1
2
3
4
5
©E.G.L.
Waarop je moet letten als je de snuit tekent:
VORM VAN DE OREN
EEN PAAR LANGE HAREN BOVEN DE OGEN
TIJGER-STREPEN BIJ DE OGEN
OGEN VER UIT ELKAAR
PUPILLEN VERAN-DEREN VAN VORM EN GROOTTE.
LANGE SNORHAREN
BIJ FEL LICHT ZIEN DE PUPILLEN ER ZO UIT.
TEKEN DE OMTREK ZOALS HIERBOVEN.
6.

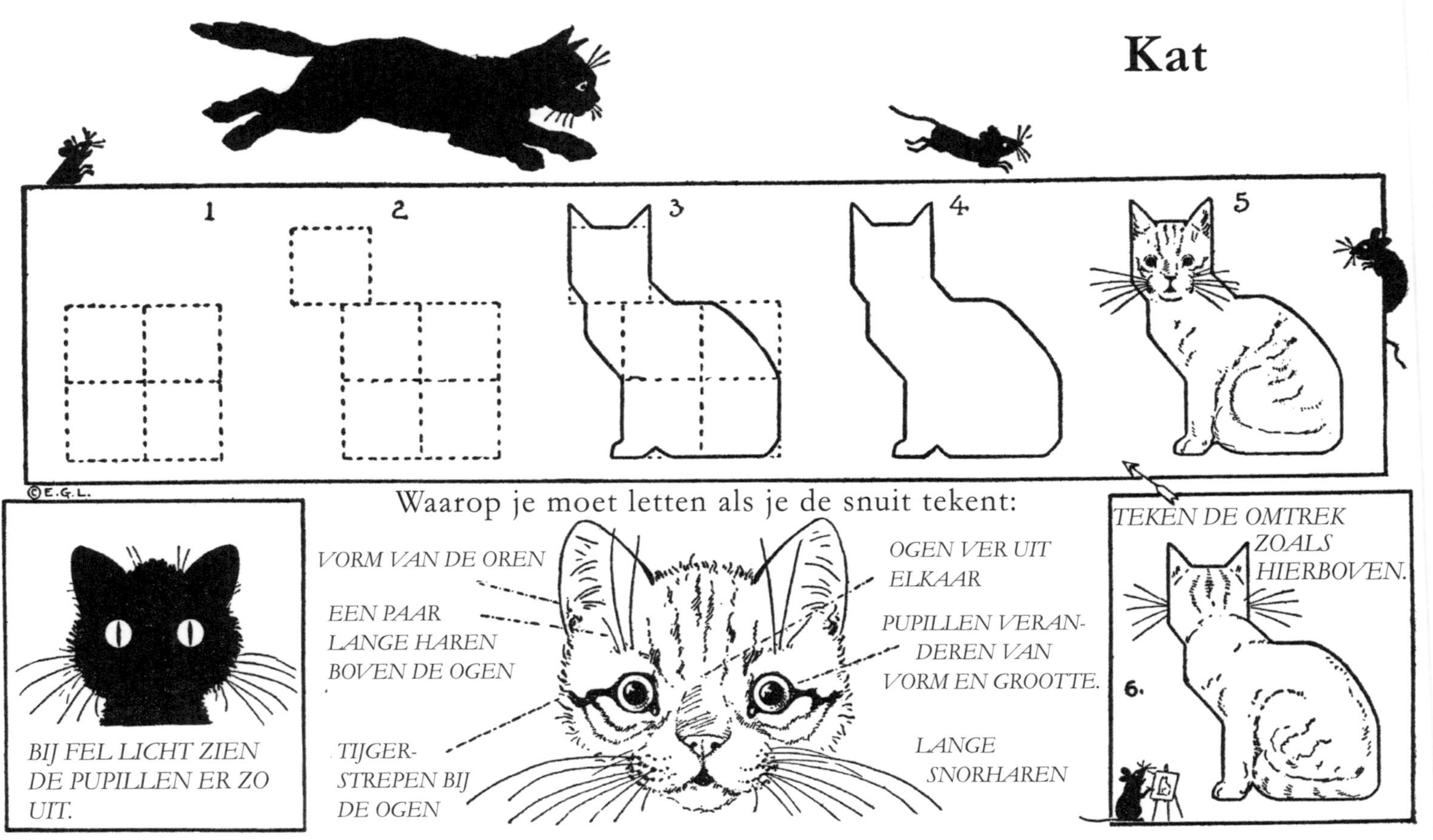

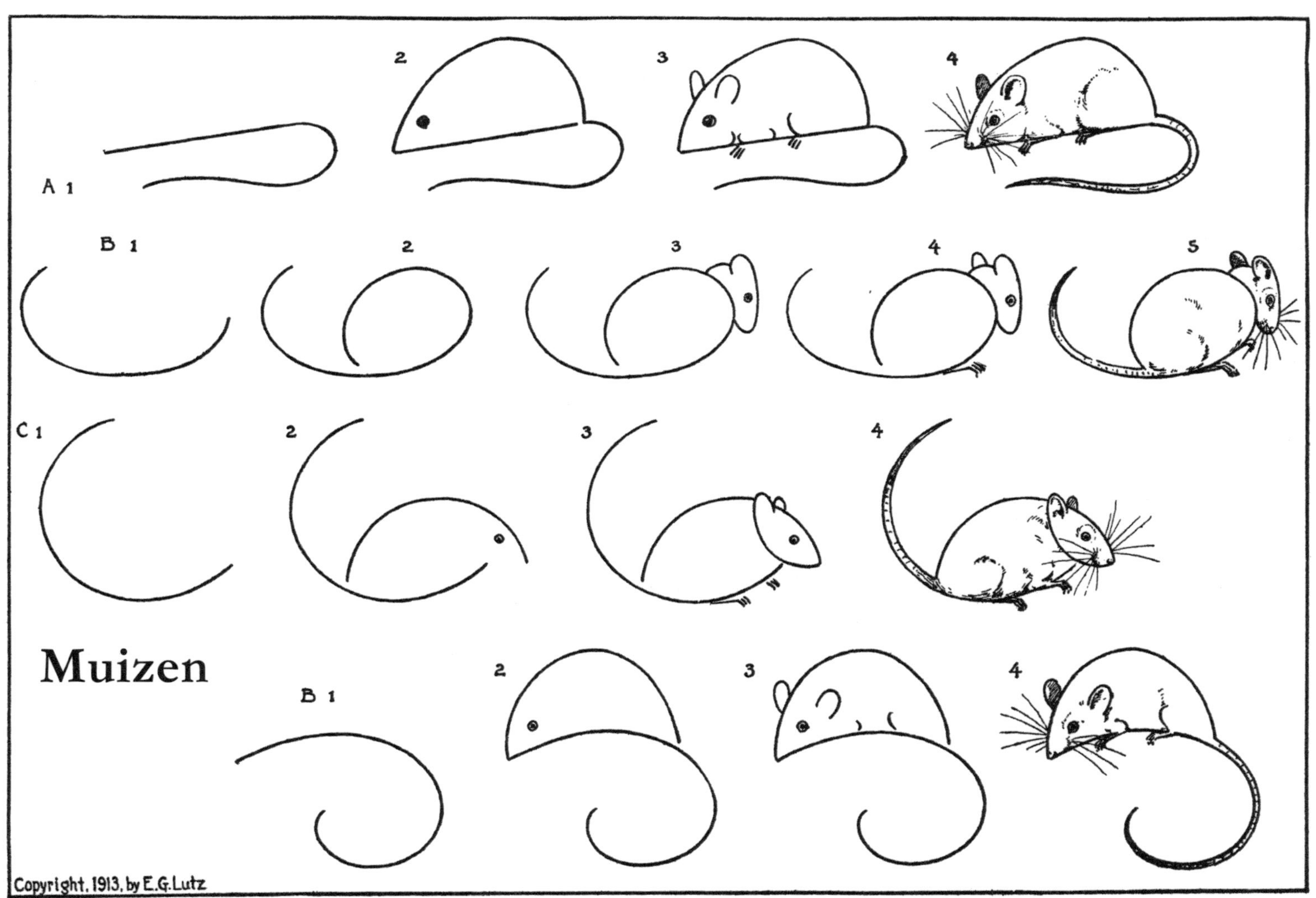
A 1
2
3
4
B 1
2
3
4
5
C 1
2
3
4
Muizen
B 1
2
3
4
Copyright, 1913, by E.G.Lutz

VREEMDE VISSEN

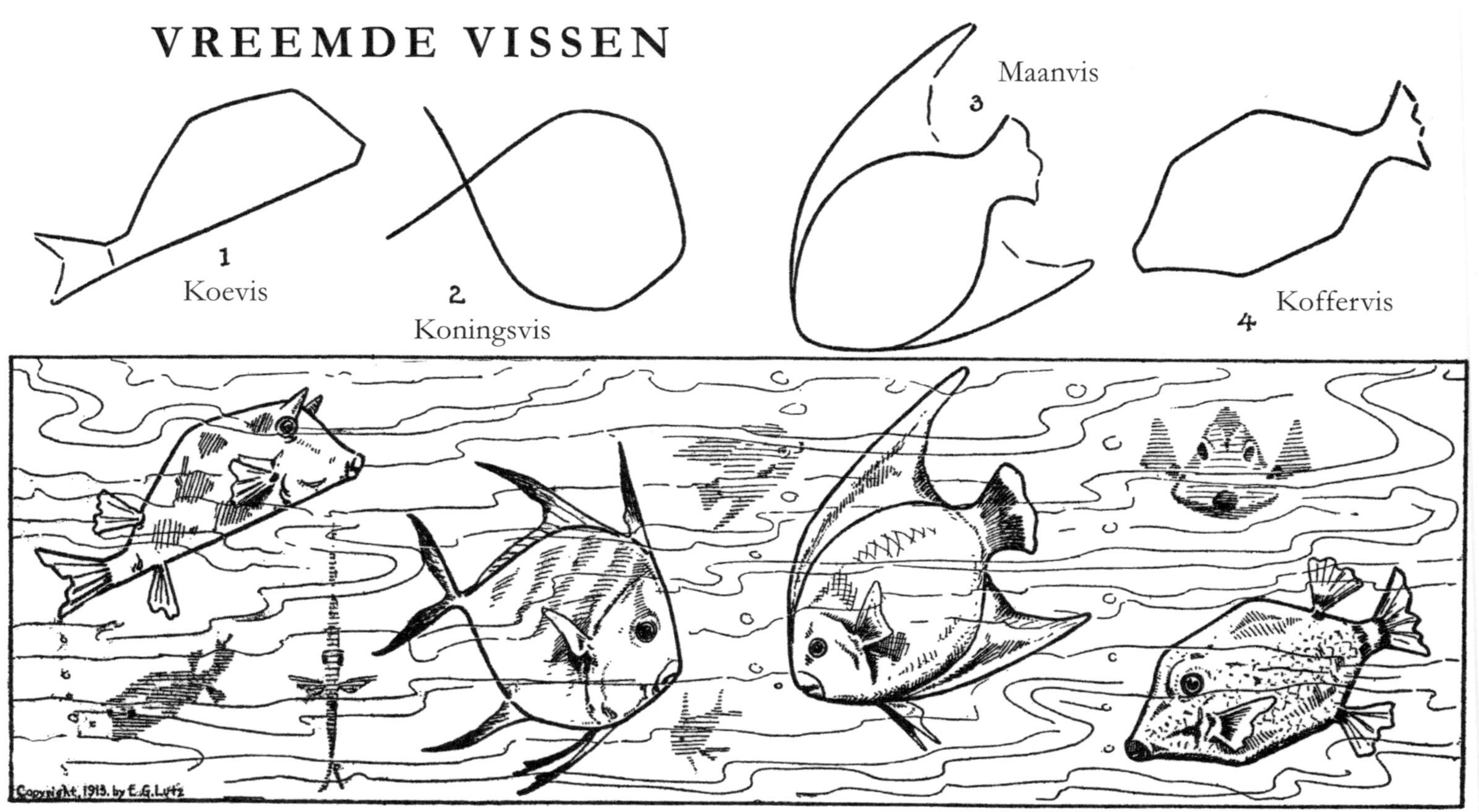

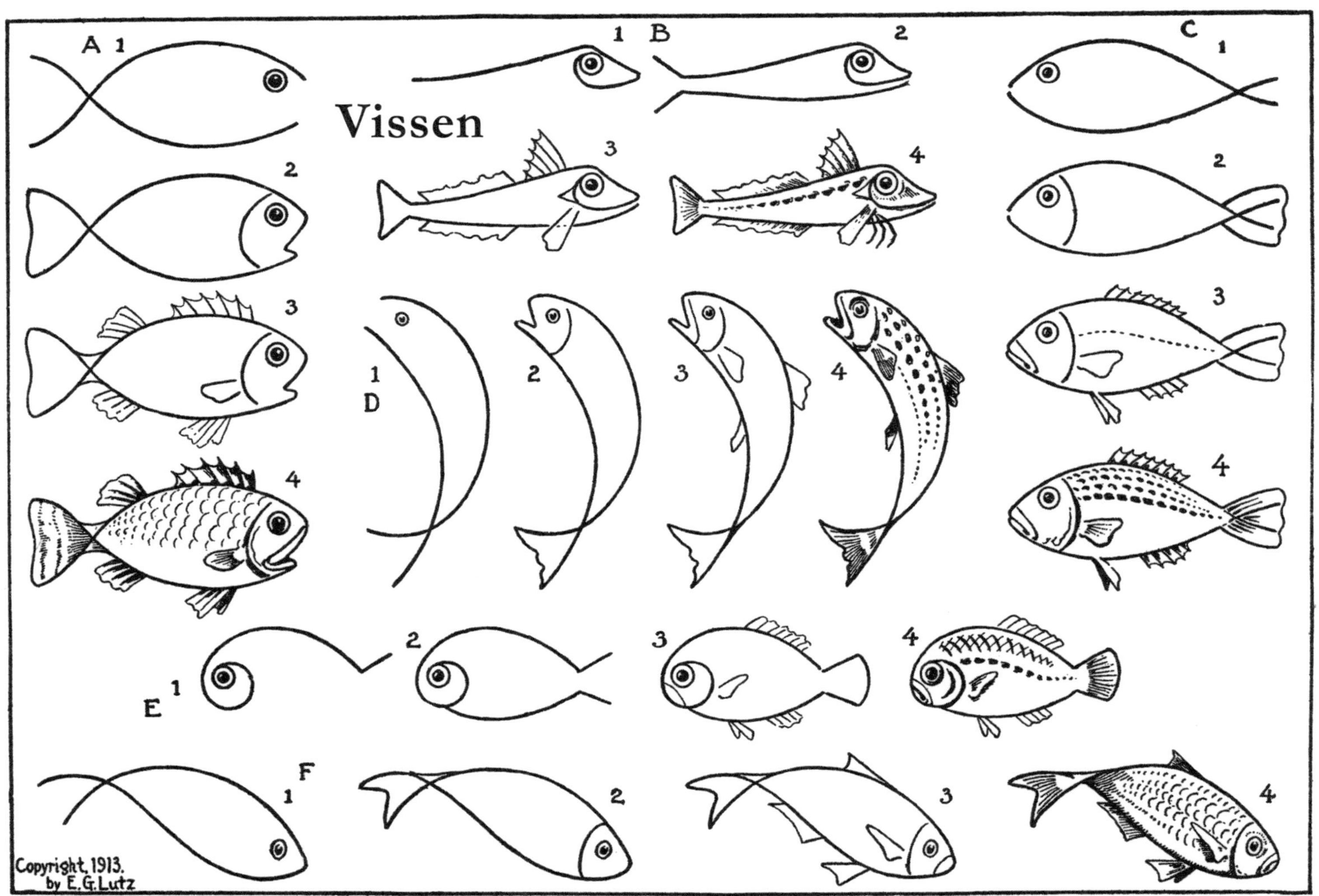
Vissen
A 1
2
3
4
1 B
2
3
4
C 1
2
3
4
1
D
2
3
4
E 1
2
3
4
F 1
2
3
4
Copyright, 1913.
by E.G.Lutz

Lisdodde

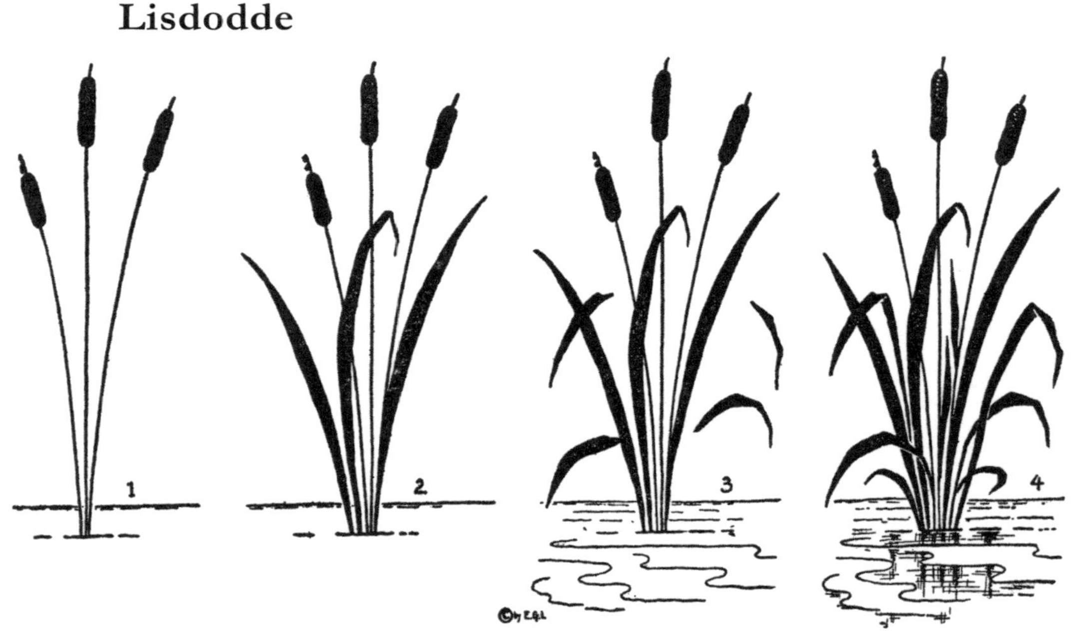

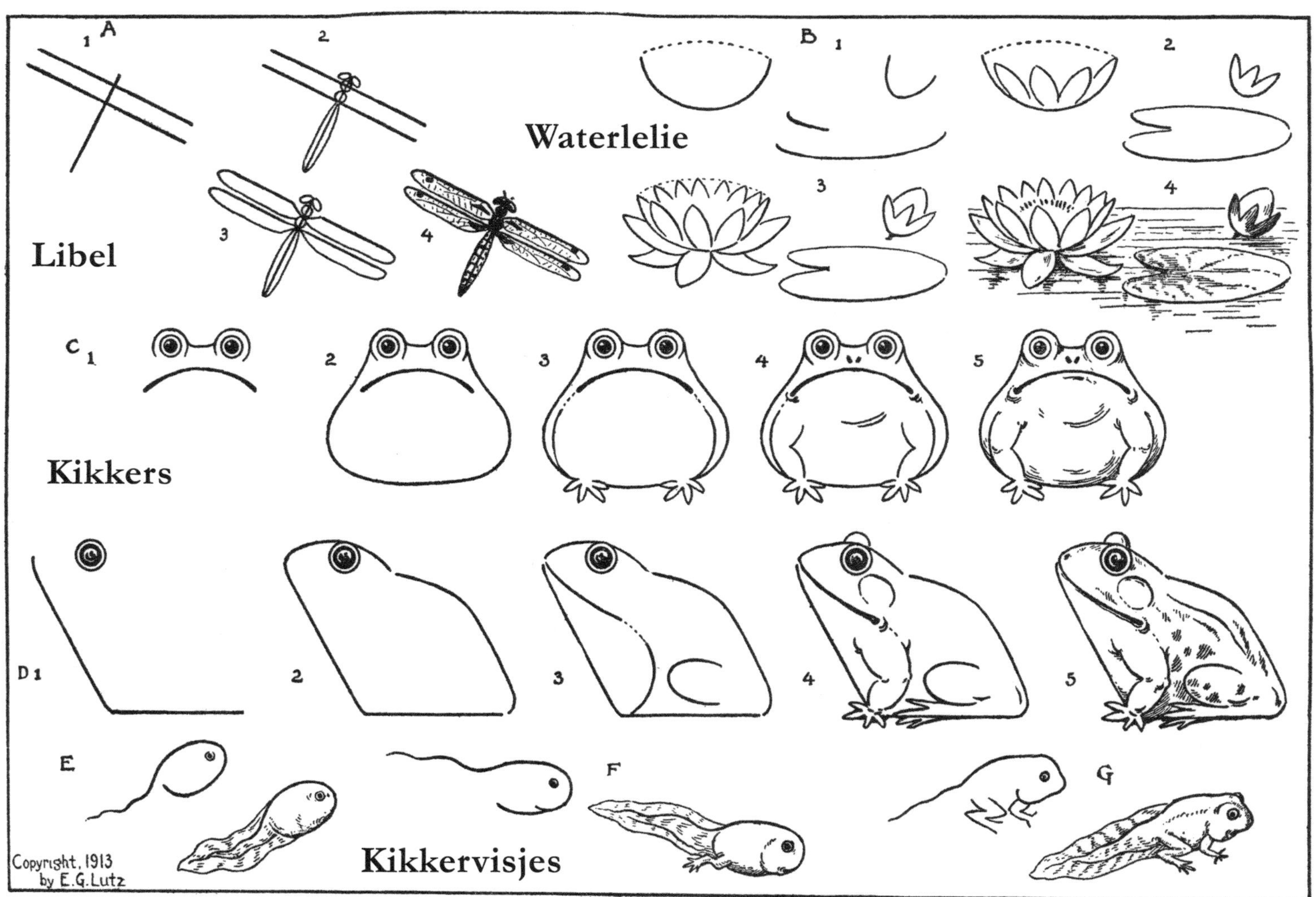
A
1
2
3
4
Libel
Waterlelie
B
1
2
3
4
C
1
2
3
4
5
Kikkers
D 1
2
3
4
5
E
F
G
Kikkervisjes
Copyright, 1913
by E.G. Lutz

1
2
3
4
5
Rennend konijn
1
2
3
4
5
6
Kwartel
Copyright, 1913, by E.G. Lutz
1
2
3
4
5
Rennend konijn

A
B
C
Konijnen
Copyright, 1913, by E.G. Lutz

1
2
3
4
5
Haan
©E.G.L

A
B
C
1
2
3
4
5
6
Kip en kuikens
Copyright, 1913, by E.G. Lutz

1
2
3
Zwaan
4
5
6
©EGL

A
1
2
3
4
5
6
Eend
1
B
2
3
4
5
Gans
C
1
2
3
6
7
8
4
5
Ganzen-
kuiken
Copyright, 1913, by E.G.Lutz

Koe

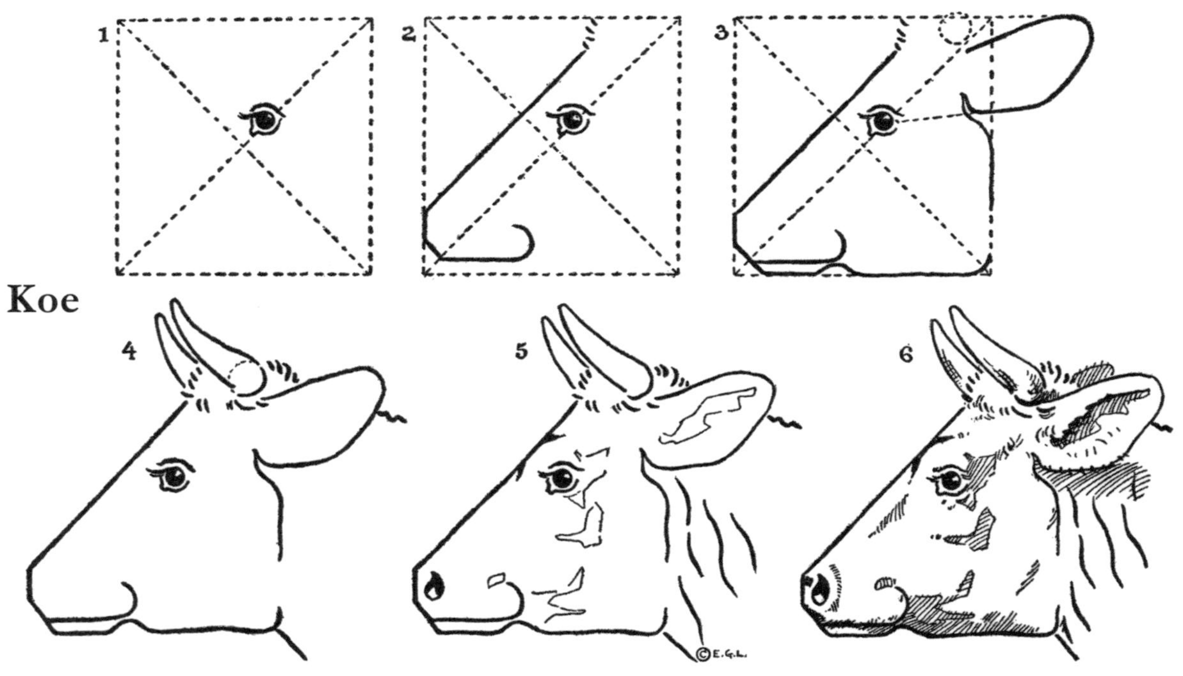

1
1
2
2
3
3
Geit
4
4
6
5
5
Copyright, 1913, by E.G.Lutz

Buldog

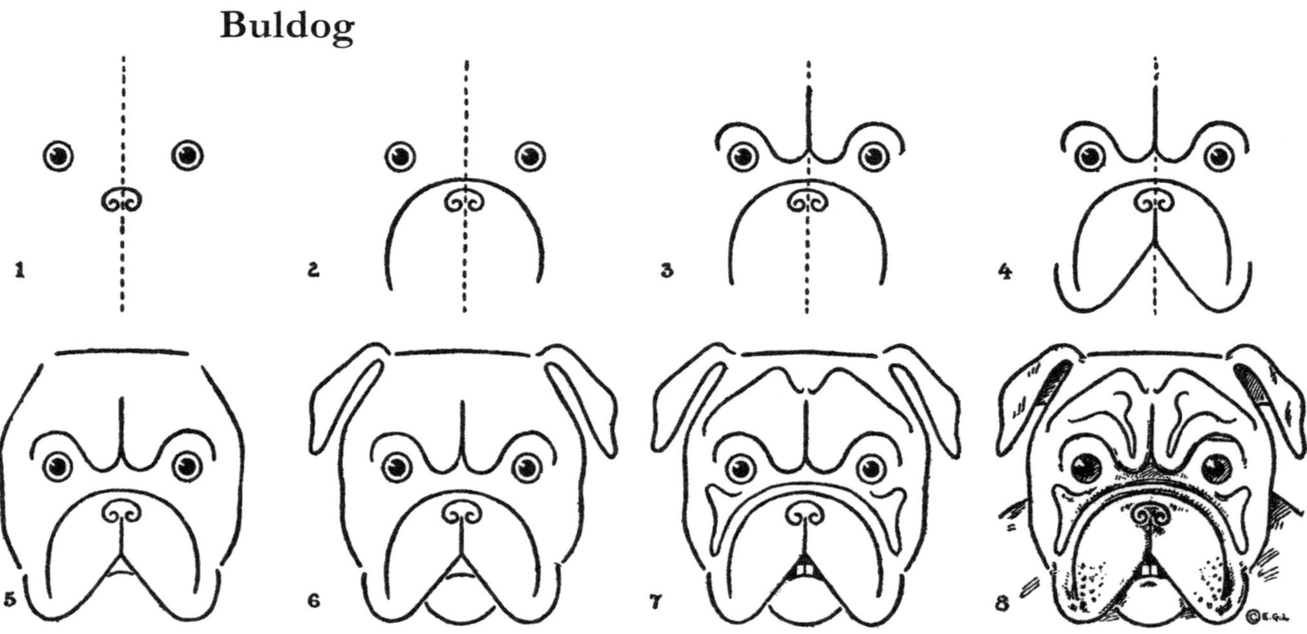

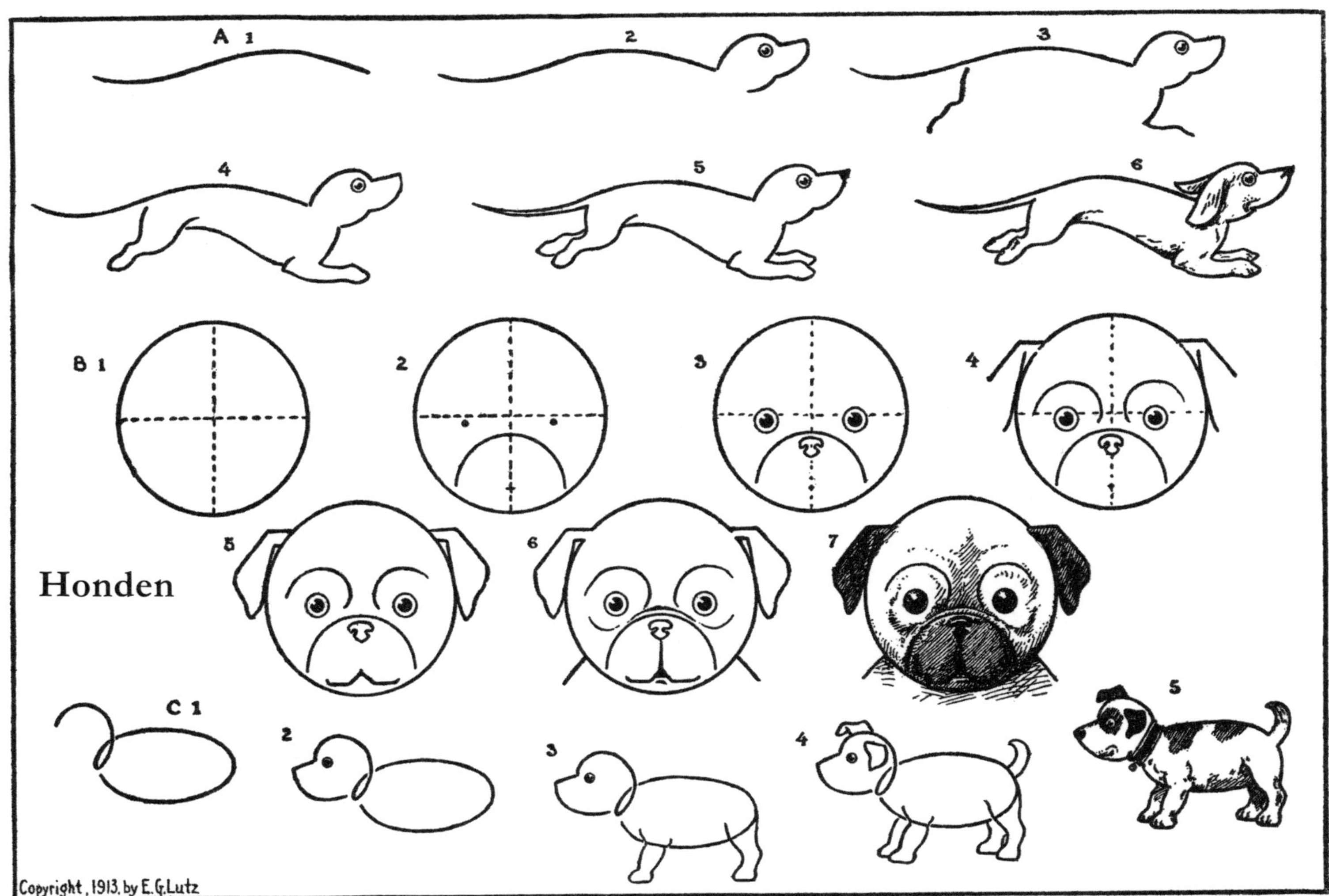
A 1
2
3
4
5
6
B 1
2
3
4
5
6
7
Honden
C 1
2
3
4
5
Copyright, 1913, by E.G.Lutz

Paard

*TEKEN EERST EEN GELIJK-
ZIJDIGE DRIEHOEK.*

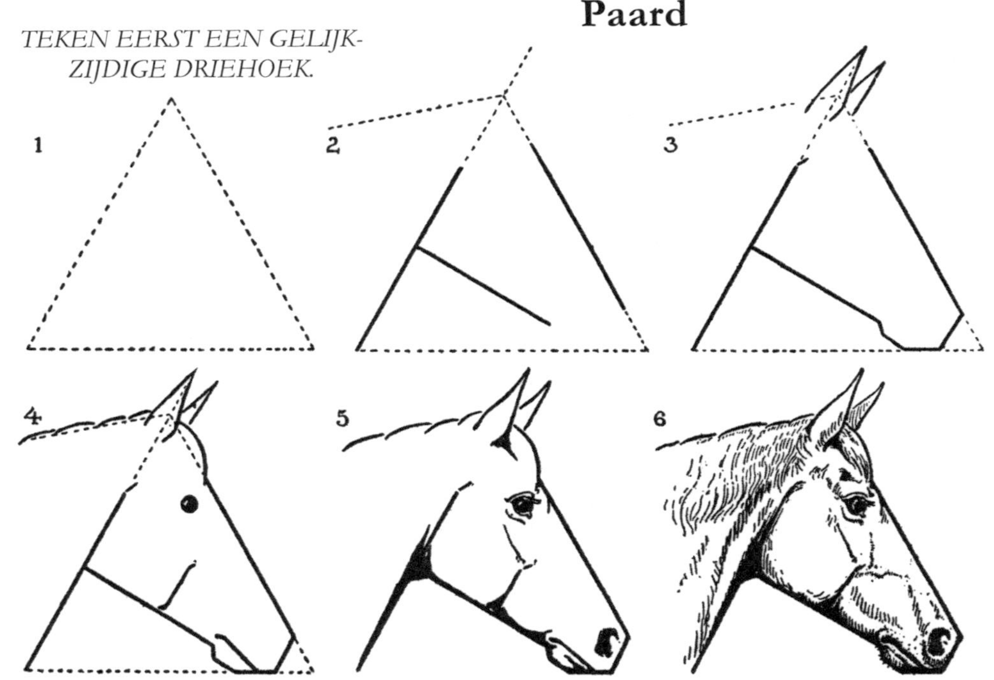

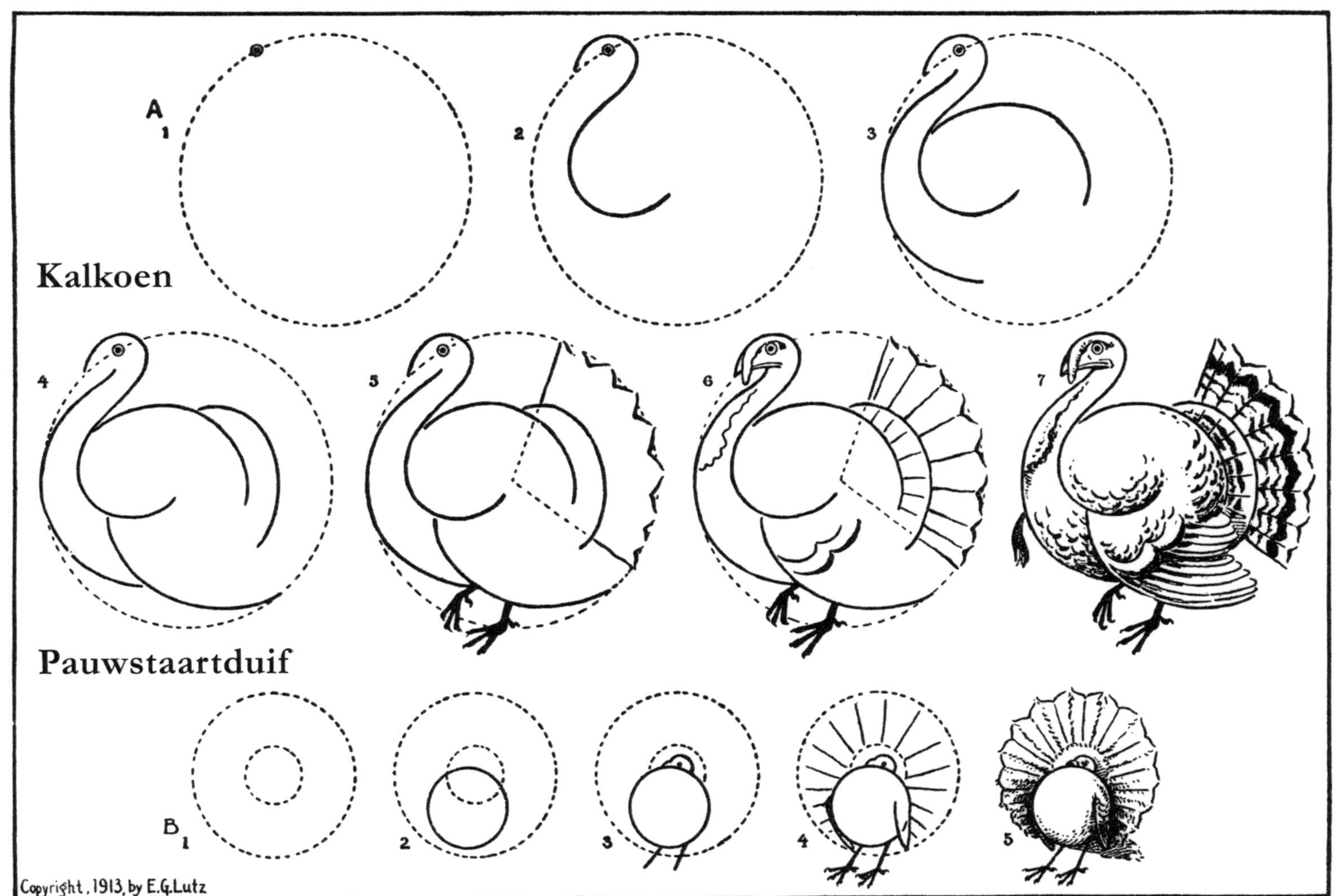
A
1
2
3
Kalkoen
4
5
6
7
Pauwstaartduif
B
1
2
3
4
5
Copyright, 1913, by E.G.Lutz

Kolibries

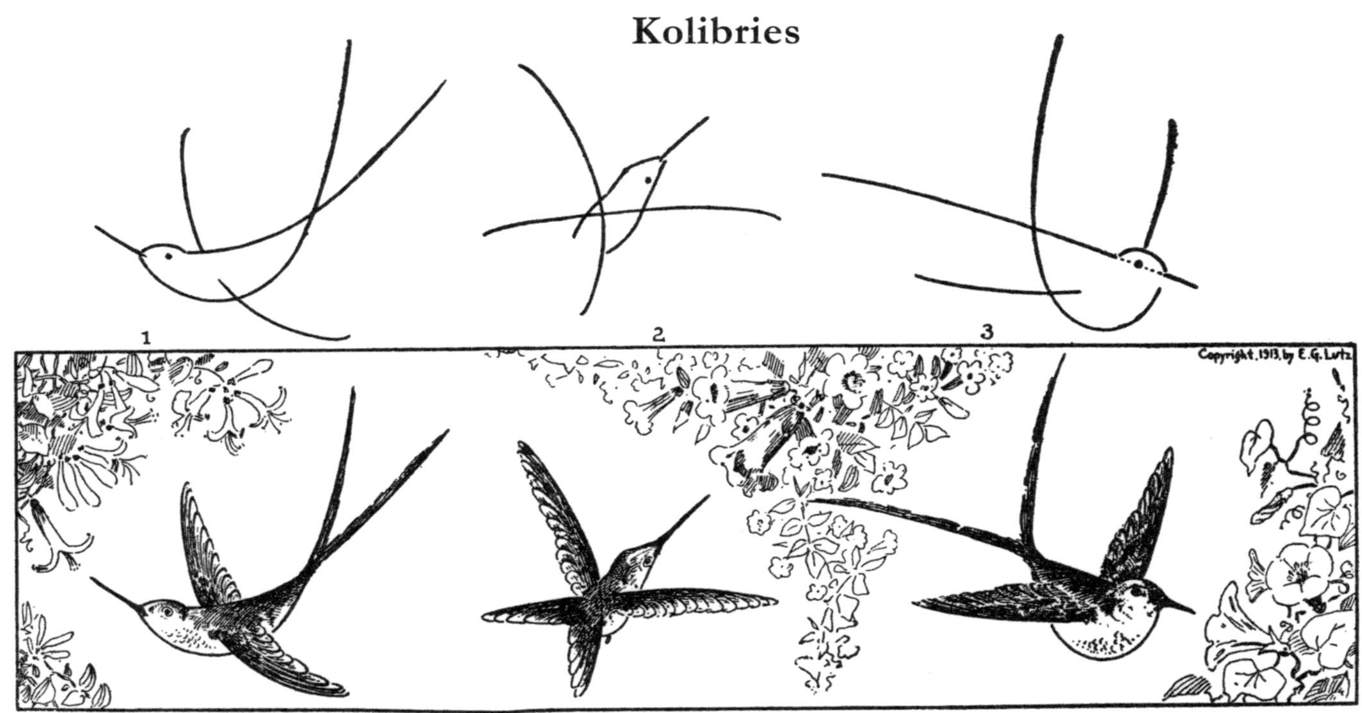

A 1
2
3
4
5
6
B 1
2
3
4
5
6
Andere vogels
C 1
2
3
4
5
6
D 1
2
3
4
5
6
Copyright. 1913. by E.G.Lutz

Zwaluwen

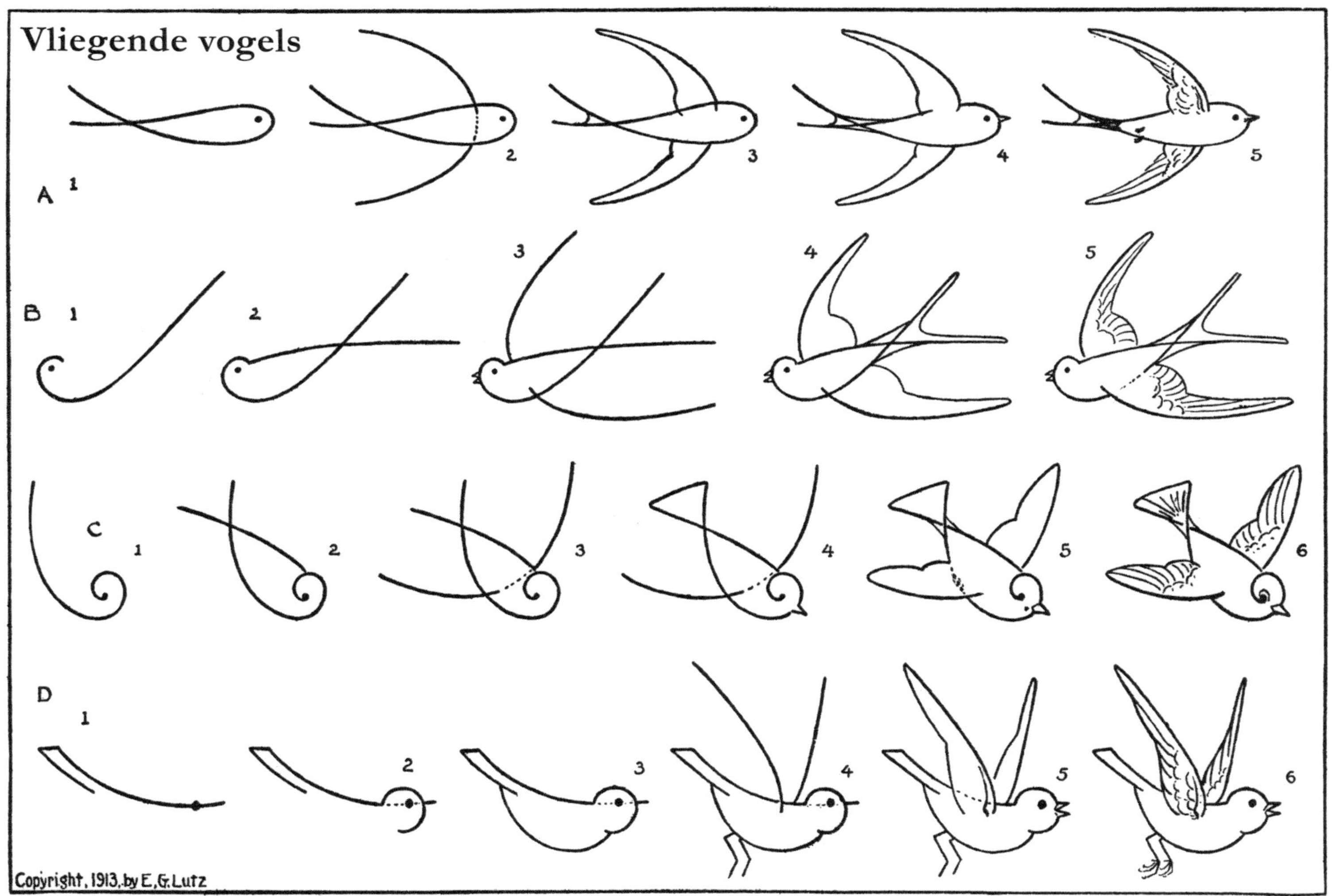
Vliegende vogels
A 1
2
3
4
5
B 1
2
3
4
5
C 1
2
3
4
5
6
D 1
2
3
4
5
6
Copyright, 1913, by E. G. Lutz

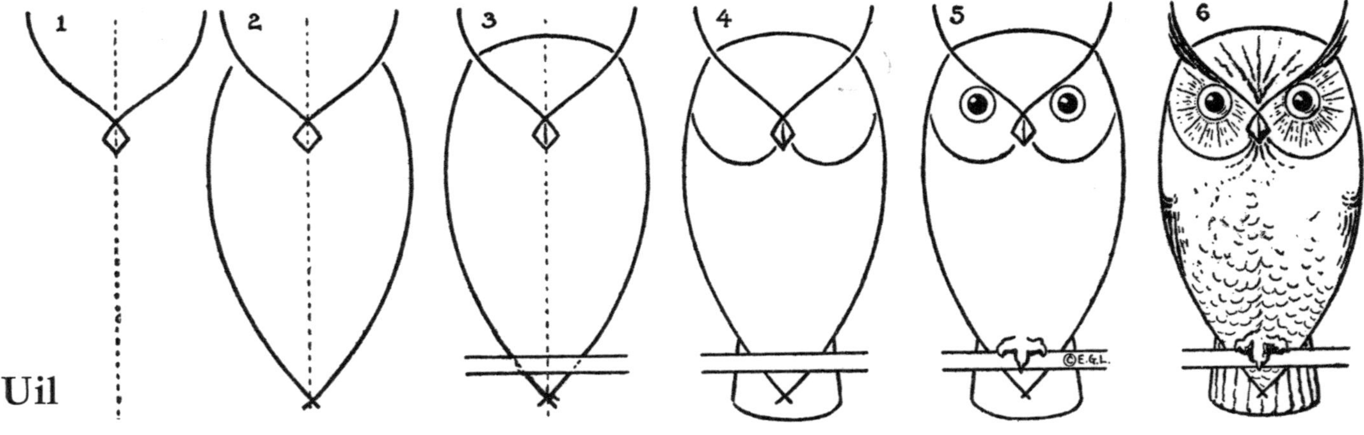

Uil

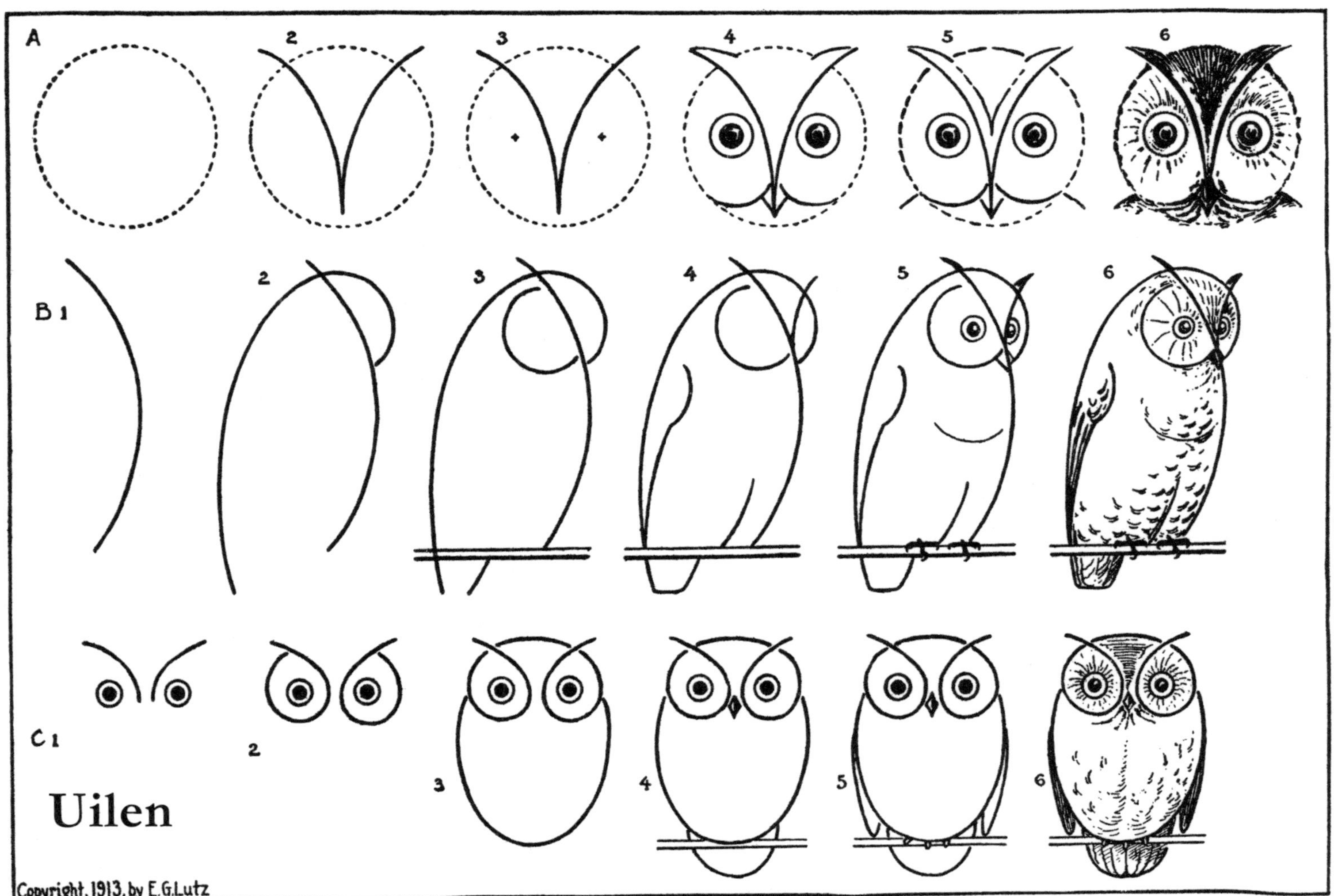
A
2
3
4
5
6
B 1
2
3
4
5
6
C 1
2
3
4
5
6
Uilen
Copyright, 1913, by E.G.Lutz

1
2
3
4
5
6
7
8
©by E.G.L.

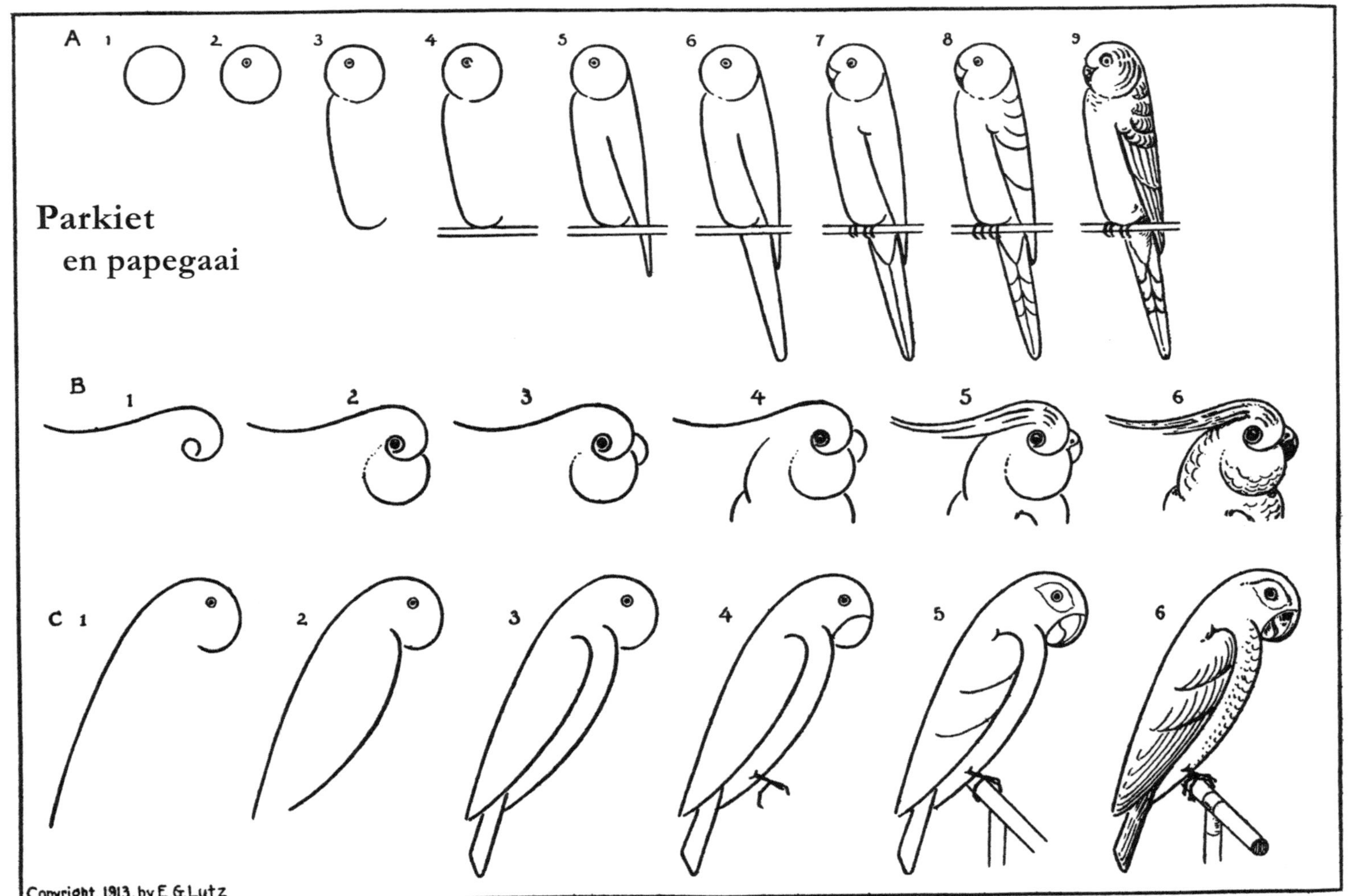
A
Parkiet
en papegaai
B
C
Copyright, 1913, by E.G.Lutz

Eekhoorns

A
1
2
3
4
5
Beren
B
1
2
3
4
5
6
C
1
2
3
4
Wasbeer
5
6
7
Copyright, 1913, by E.G.Lutz

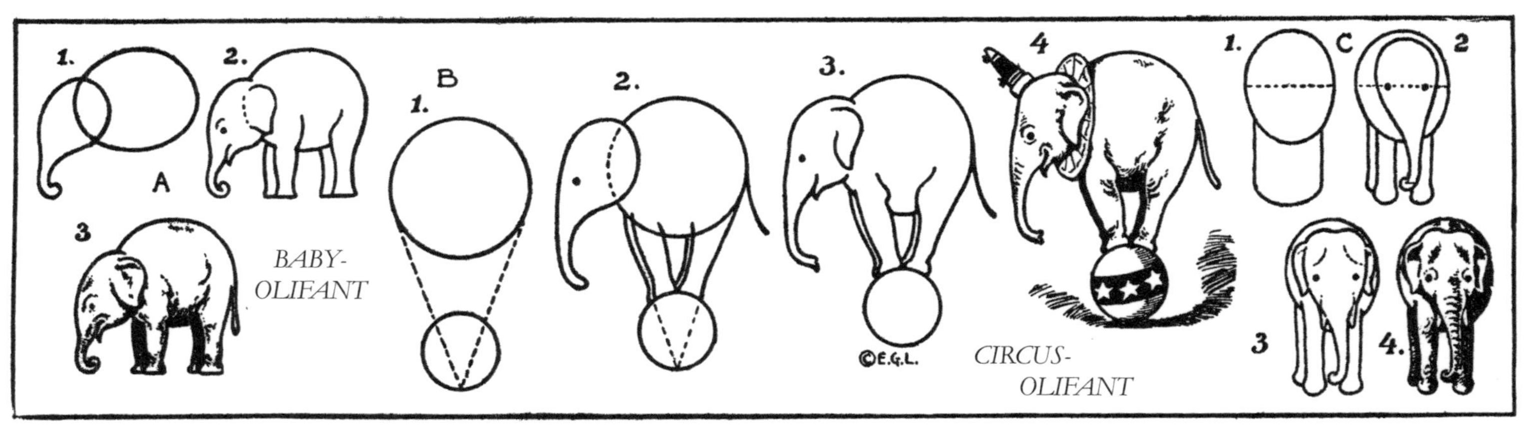
1.
2.
A
3
BABY-
OLIFANT
B
1.
2.
3.
©E.G.L.
CIRCUS-
OLIFANT
4
1.
C
2
3
4.

B
1
2
3
4
5
6
7
Aap
A 1
2
3
Olifant
4
5
6
C 1
2
3
4
5
6
Copyright, 1913.
by E.G.Lutz

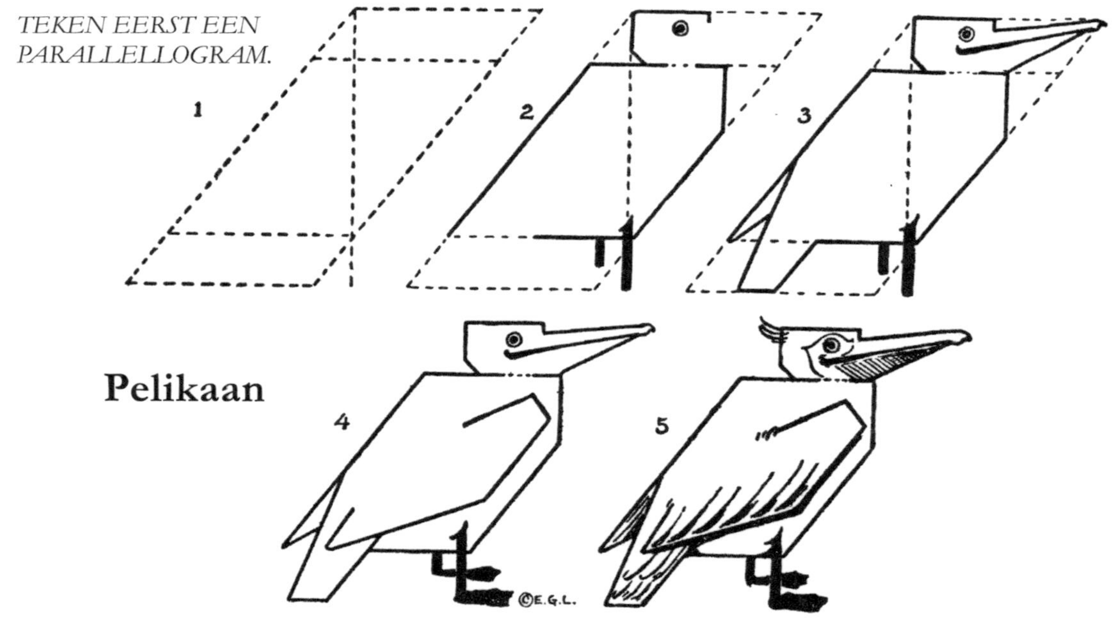

Pelikaan

A 1
2
3
4
Reiger
B 1
Ekster
2
3
4
Vogels met alleen
rechte lijnen
C 1
2
3
4
Maraboe
Steltkluut
D 1
2
3
4
Copyright, 1913, by E.G.Lutz

Kangoeroe

Giraf en
kameel
Allemaal rechte lijnen
A 1
3
4
5
B 1
2
3
4
5
Copyright, 1913, by E.G.Lutz

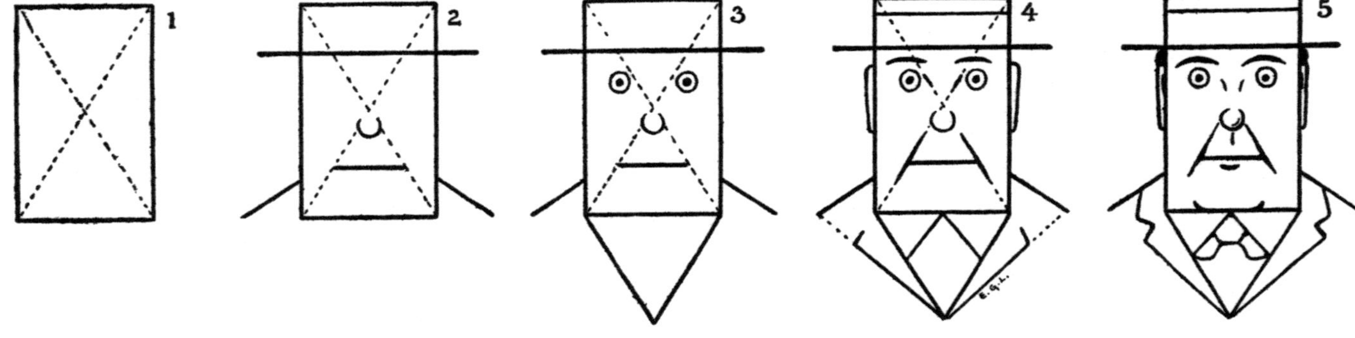
1
2
3
4
5

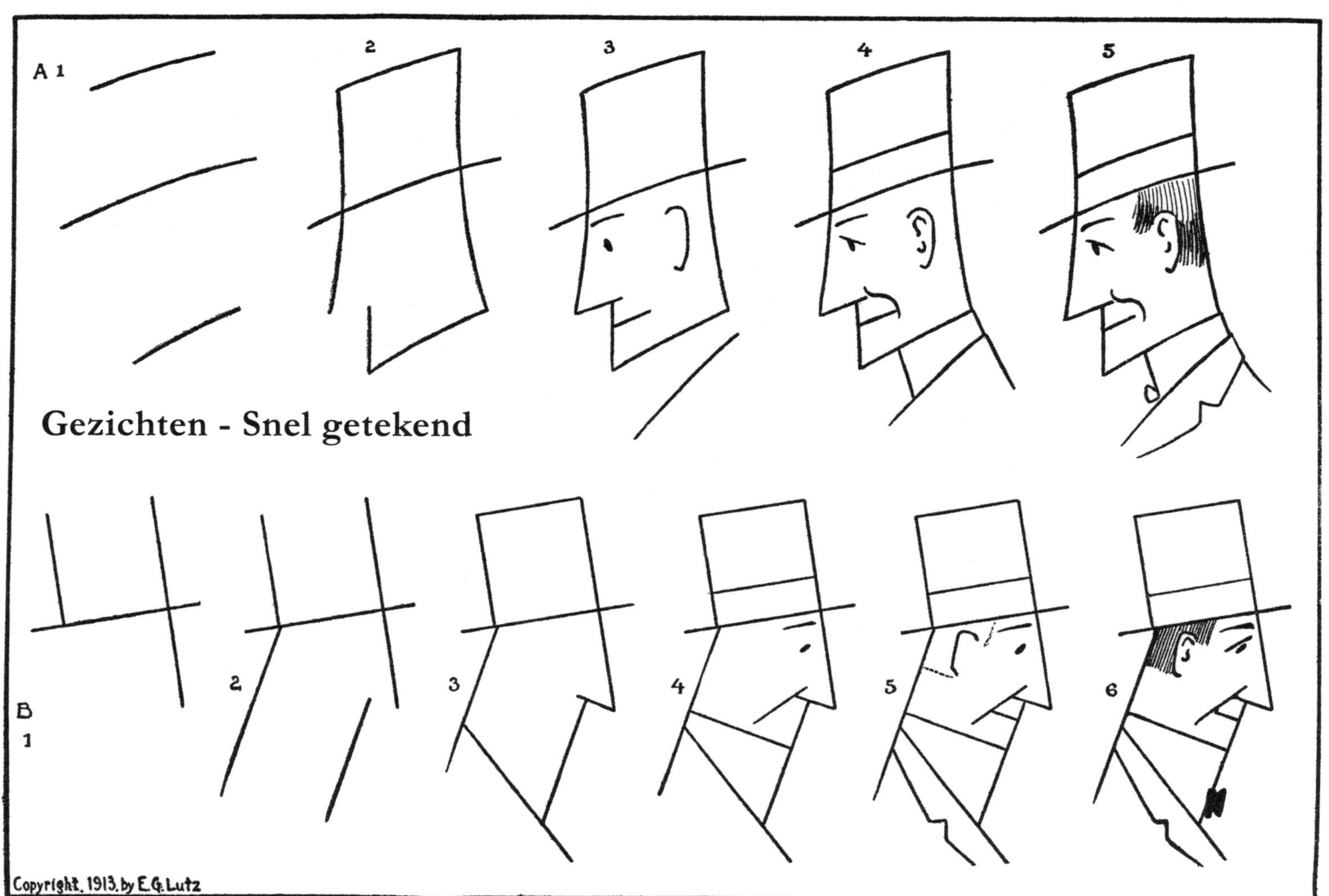
A 1
2
3
4
5
Gezichten - Snel getekend
B
1
2
3
4
5
6
Copyright, 1913, by E.G. Lutz

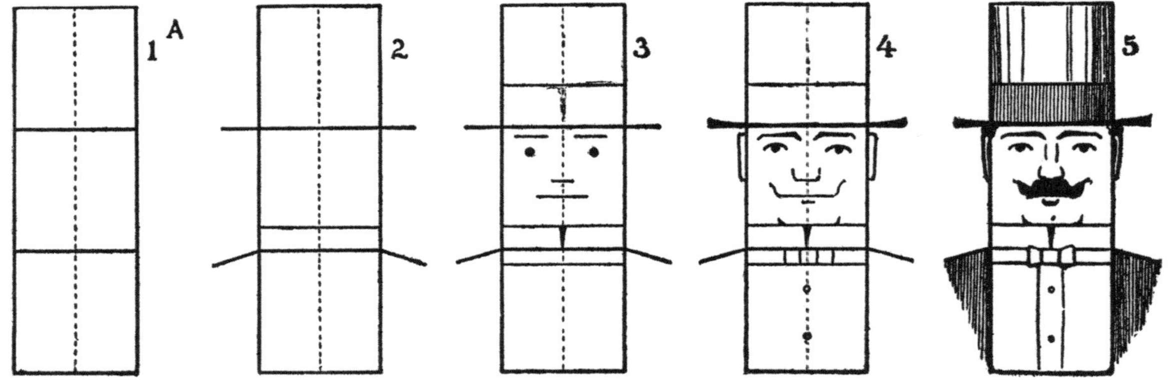
1
A
2
3
4
5

Figuren - Mannen - Getekend met rechte lijnen
A
1
2
3
4
B
1
2
3
4
C
1
2
3
4
5
D
1
2
3
4
5
Copyright, 1913, by E.G.Lutz

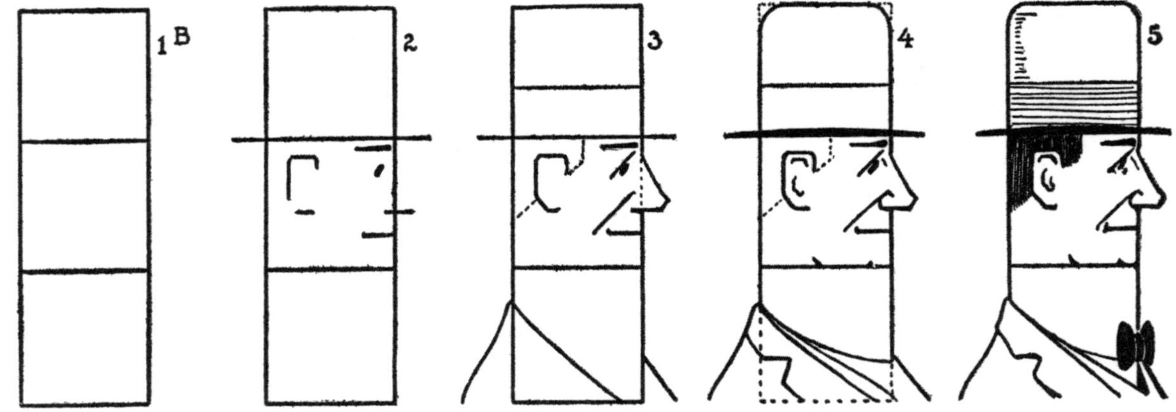
1 B
2
3
4
5

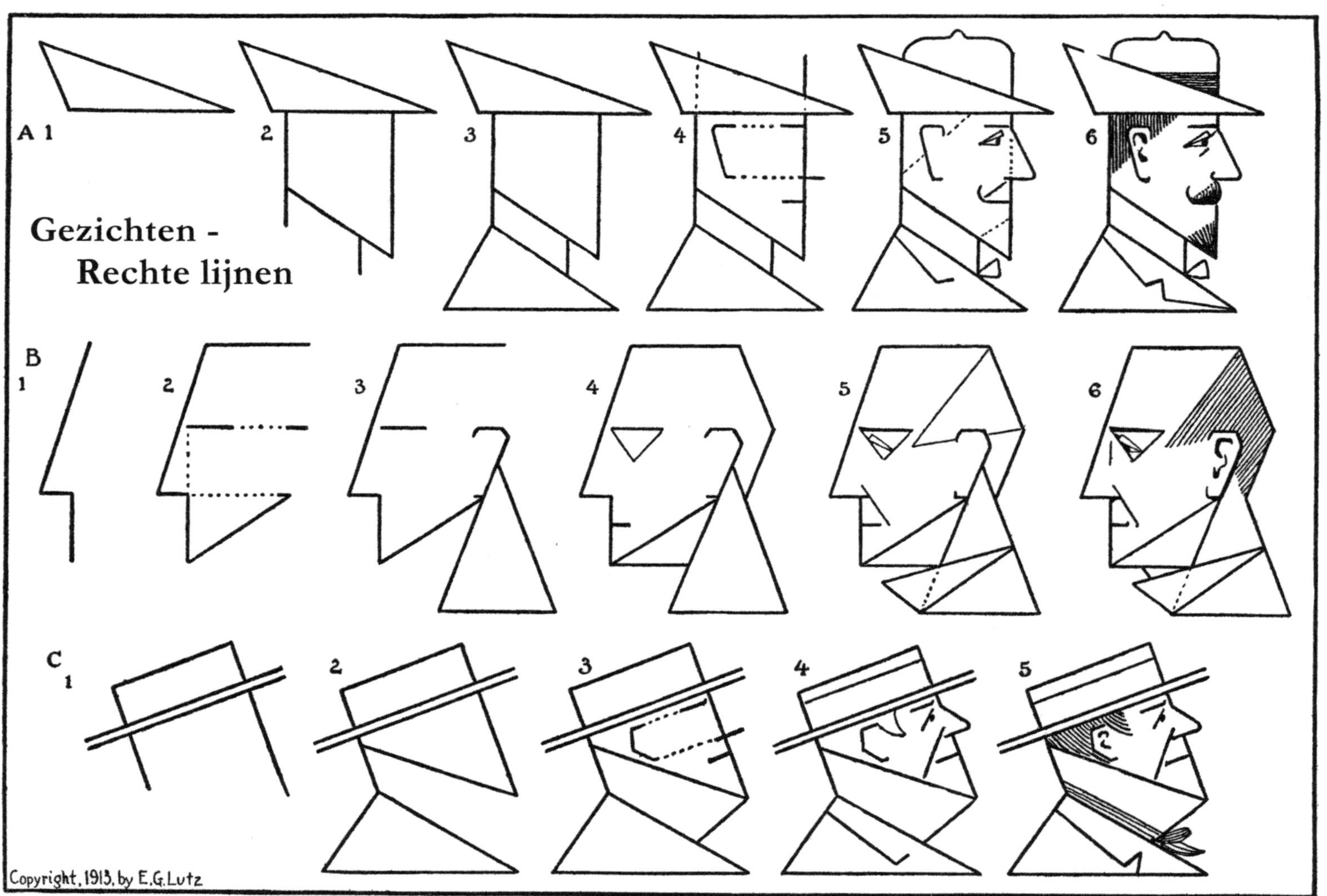
A 1
2
3
4
5
6
Gezichten -
Rechte lijnen
B
1
2
3
4
5
6
C
1
2
3
4
5
Copyright, 1913, by E.G.Lutz

Clown met lachend gezicht

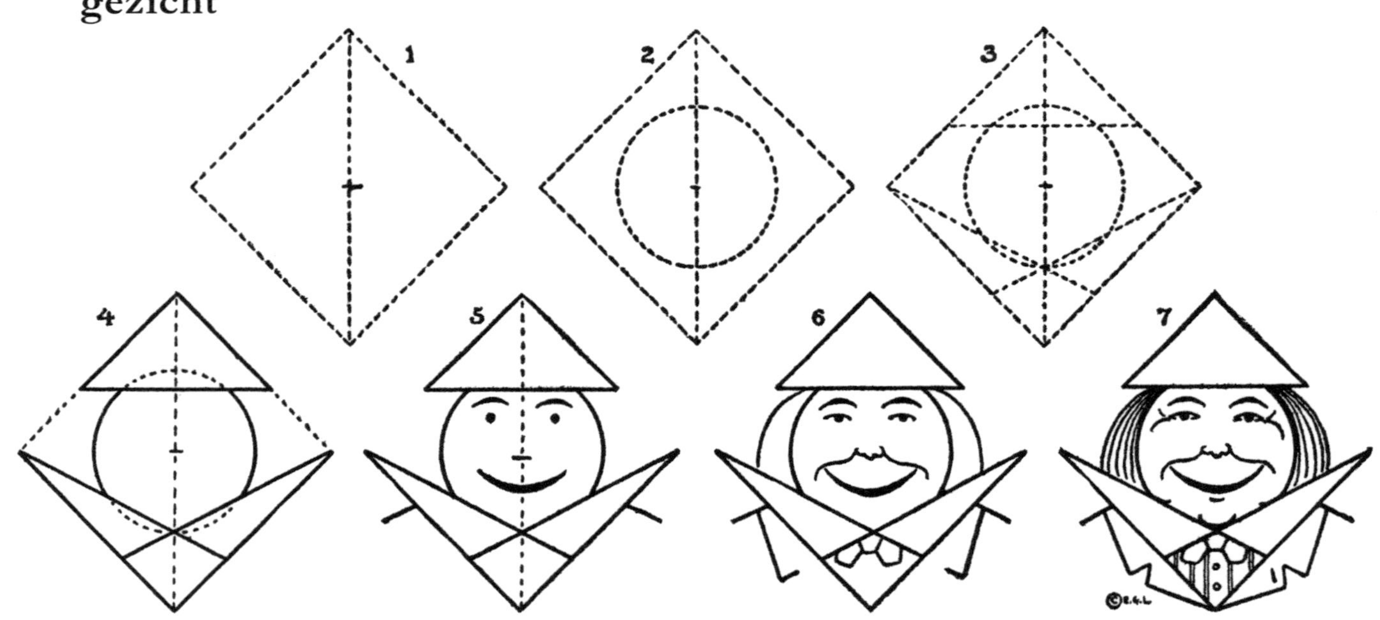

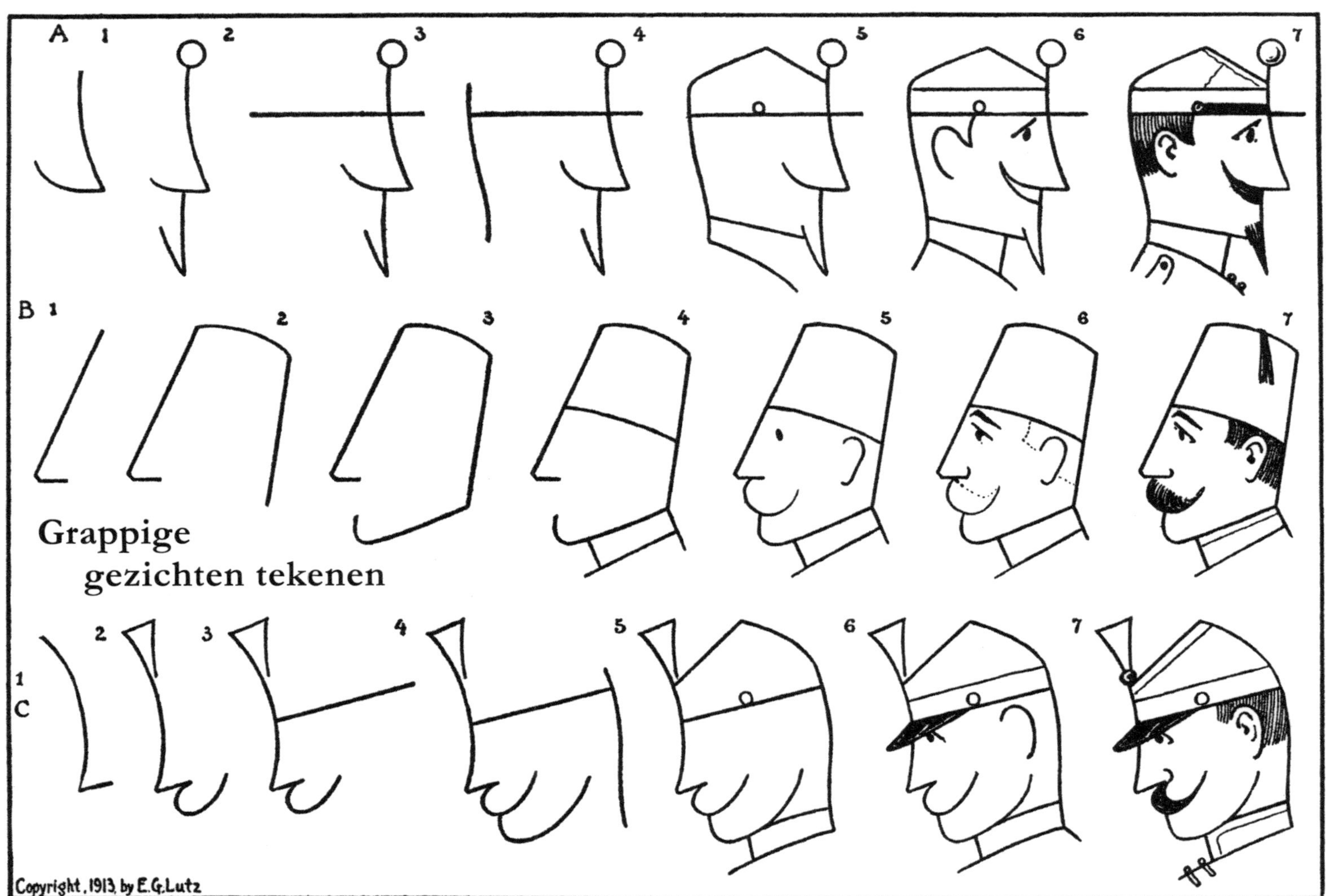
A
1
2
3
4
5
6
7
B
C
Grappige
gezichten tekenen
Copyright, 1913, by E.G.Lutz

Vrolijke gezichts-uitdrukking

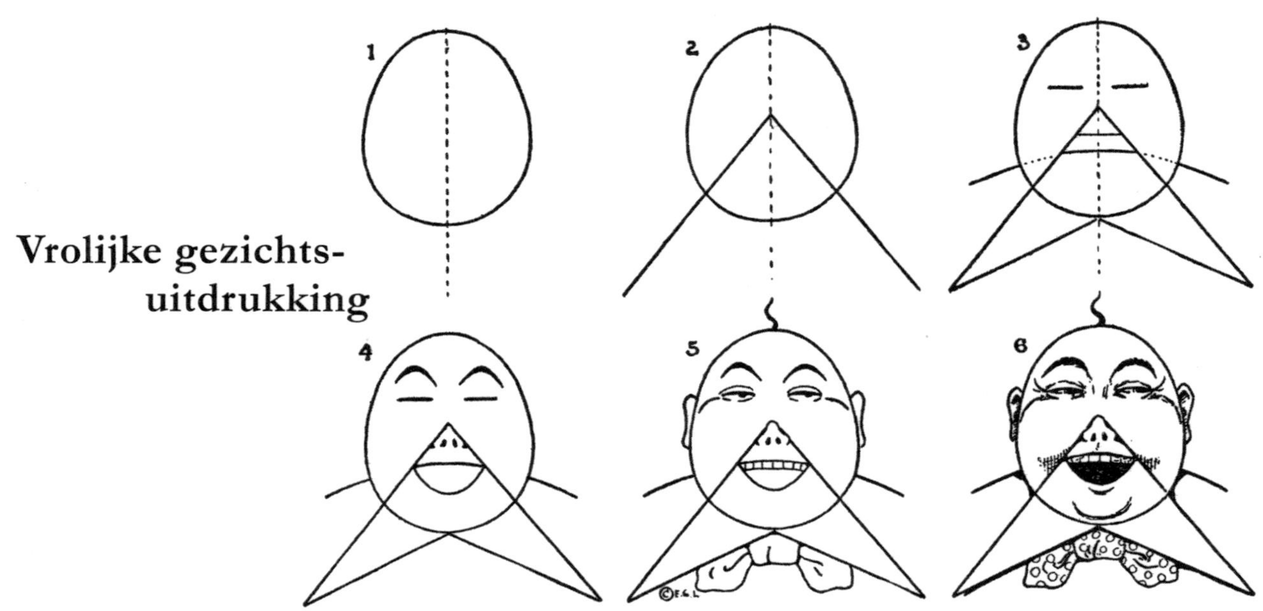

A
1
2
3
4
5
6
Profielen - Gemakkelijk getekend
B
1
2
3
4
5
6
C
1
2
3
4
5
6
Copyright, 1913 by E.G. Lutz

UITDRUKKINGEN

LICHT GETEKENDE LIJNTJES HELPEN JE BIJ HET SCHETSEN.

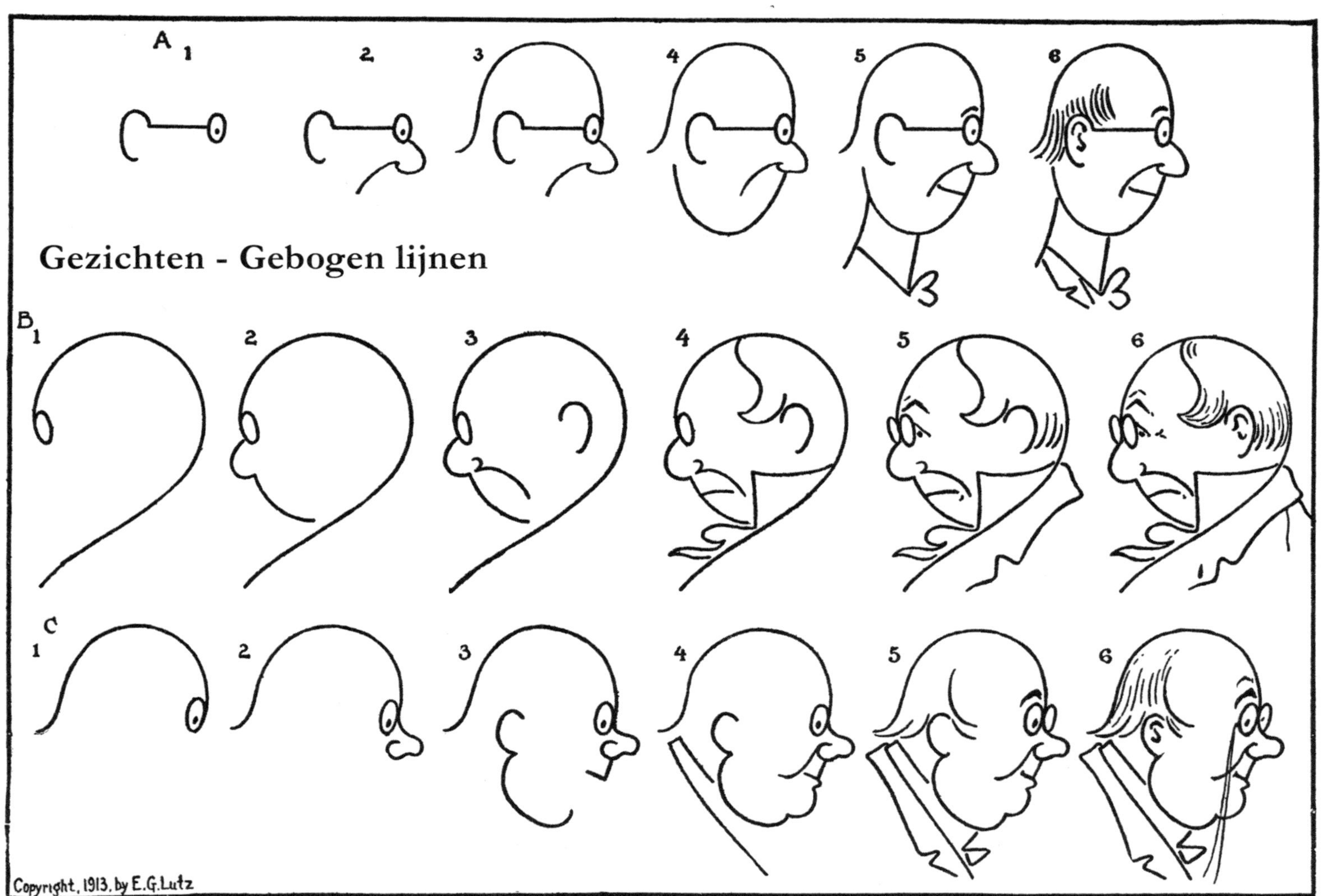
A 1
2
3
4
5
6
Gezichten - Gebogen lijnen
B 1
2
3
4
5
6
C
1
2
3
4
5
6
Copyright, 1913, by E.G.Lutz

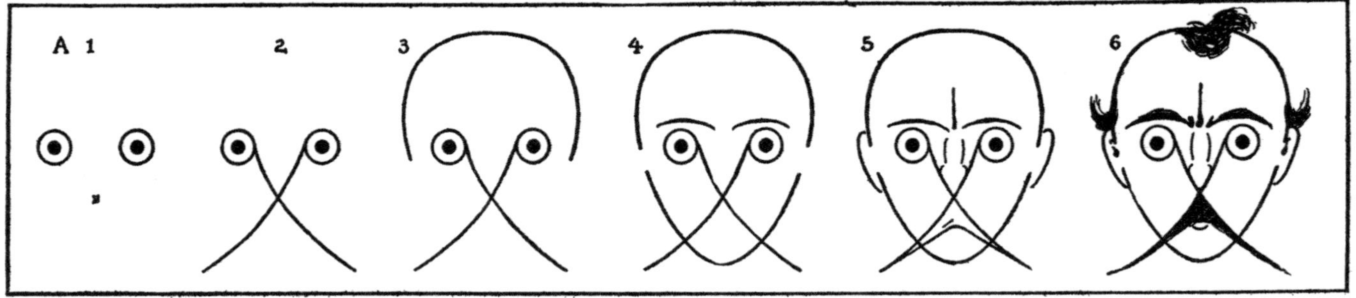
A 1
2
3
4
5
6

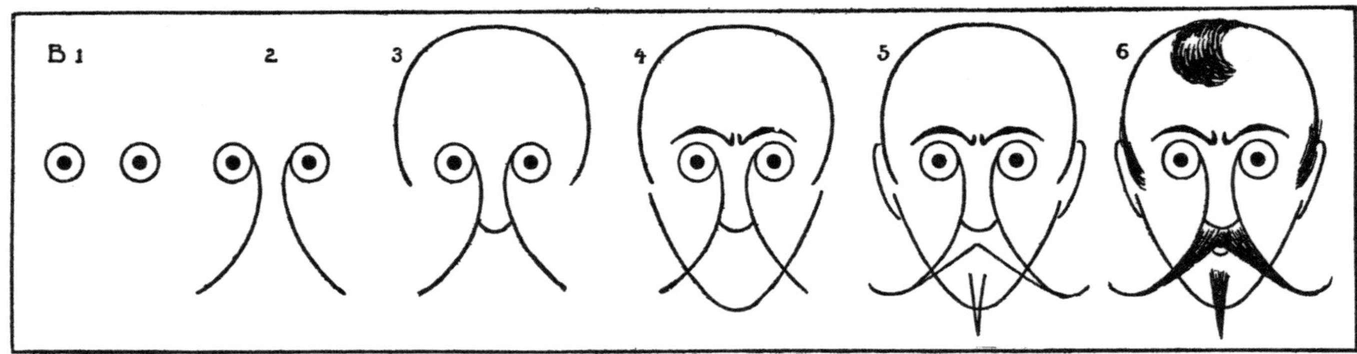
B 1
2
3
4
5
6

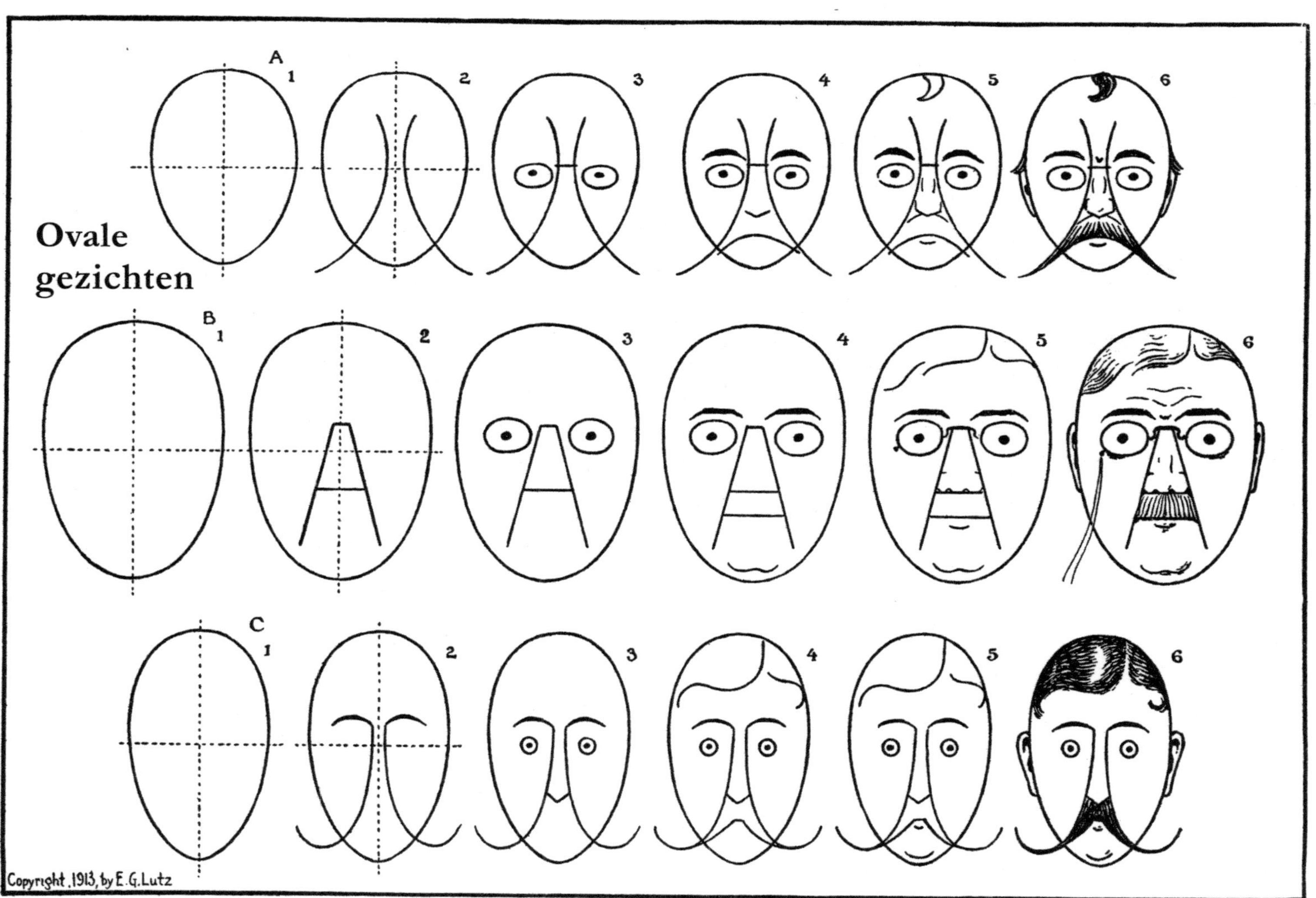
Ovale gezichten
A
1
2
3
4
5
6
B
1
2
3
4
5
6
C
1
2
3
4
5
6
Copyright, 1913, by E.G. Lutz

A
B
C
© E. G. L.

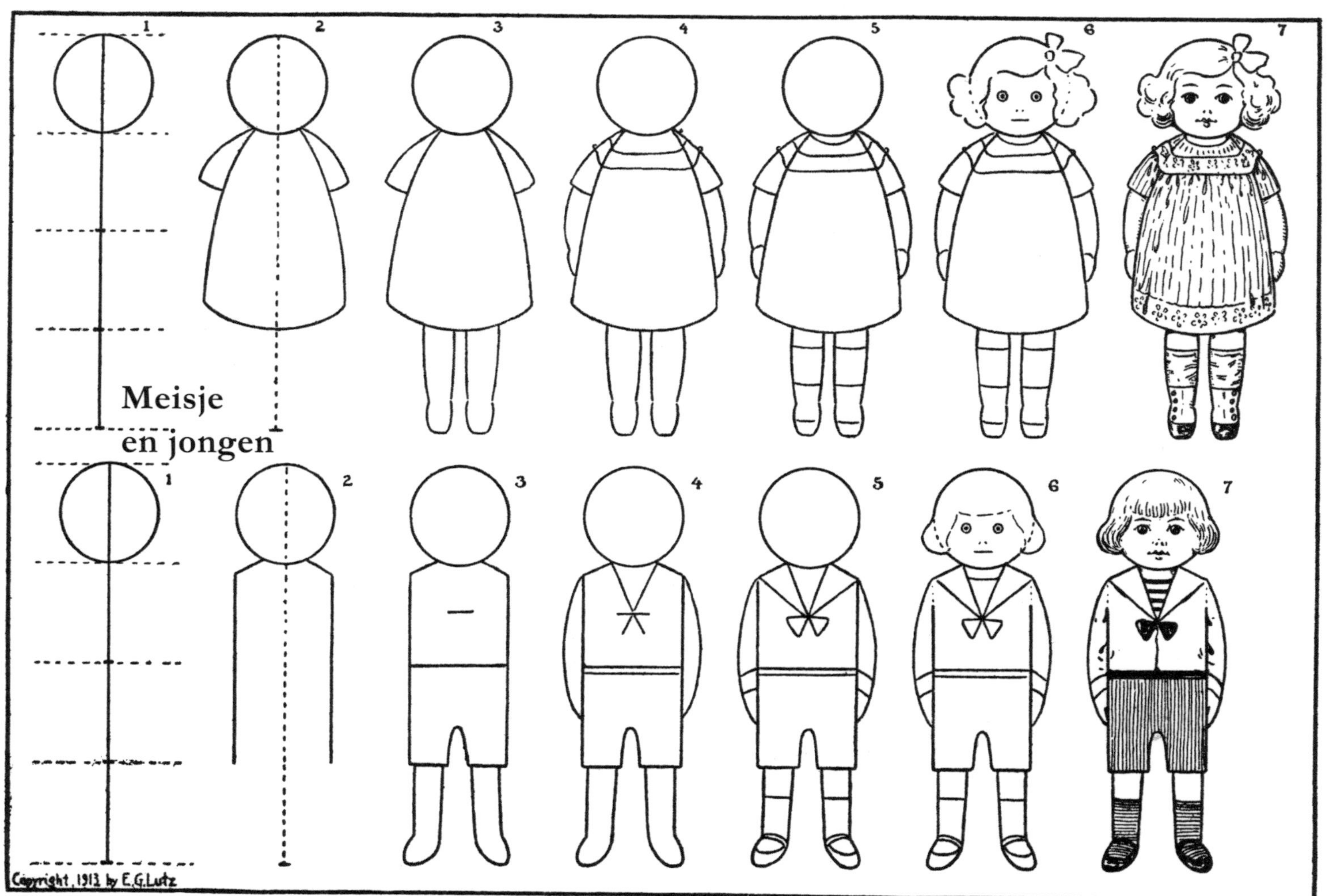
1
2
3
4
5
6
7
Meisje
en jongen
1
2
3
4
5
6
7
Copyright, 1913 by E.G.Lutz

Ronde figuren

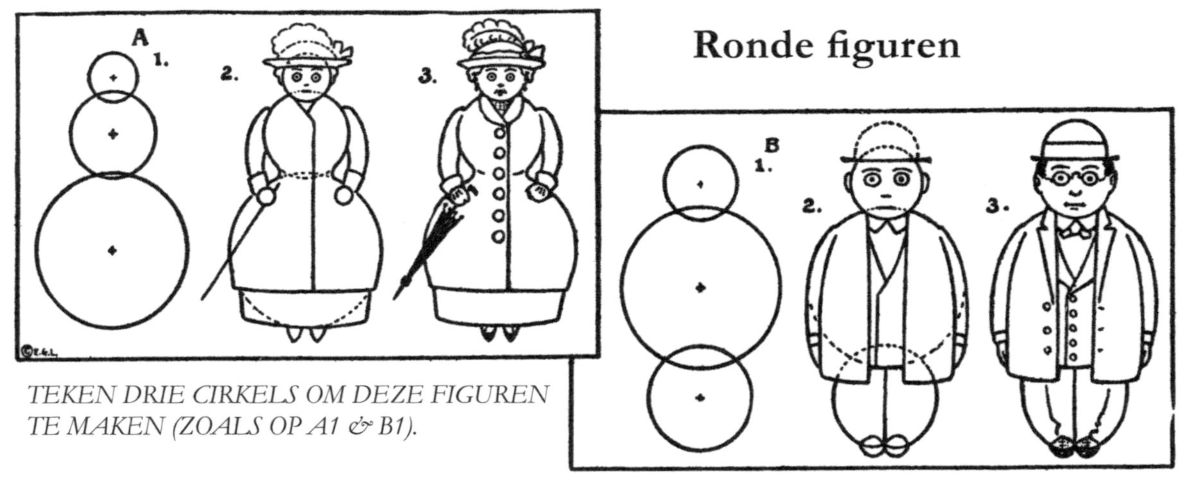

TEKEN DRIE CIRKELS OM DEZE FIGUREN TE MAKEN (ZOALS OP A1 & B1).

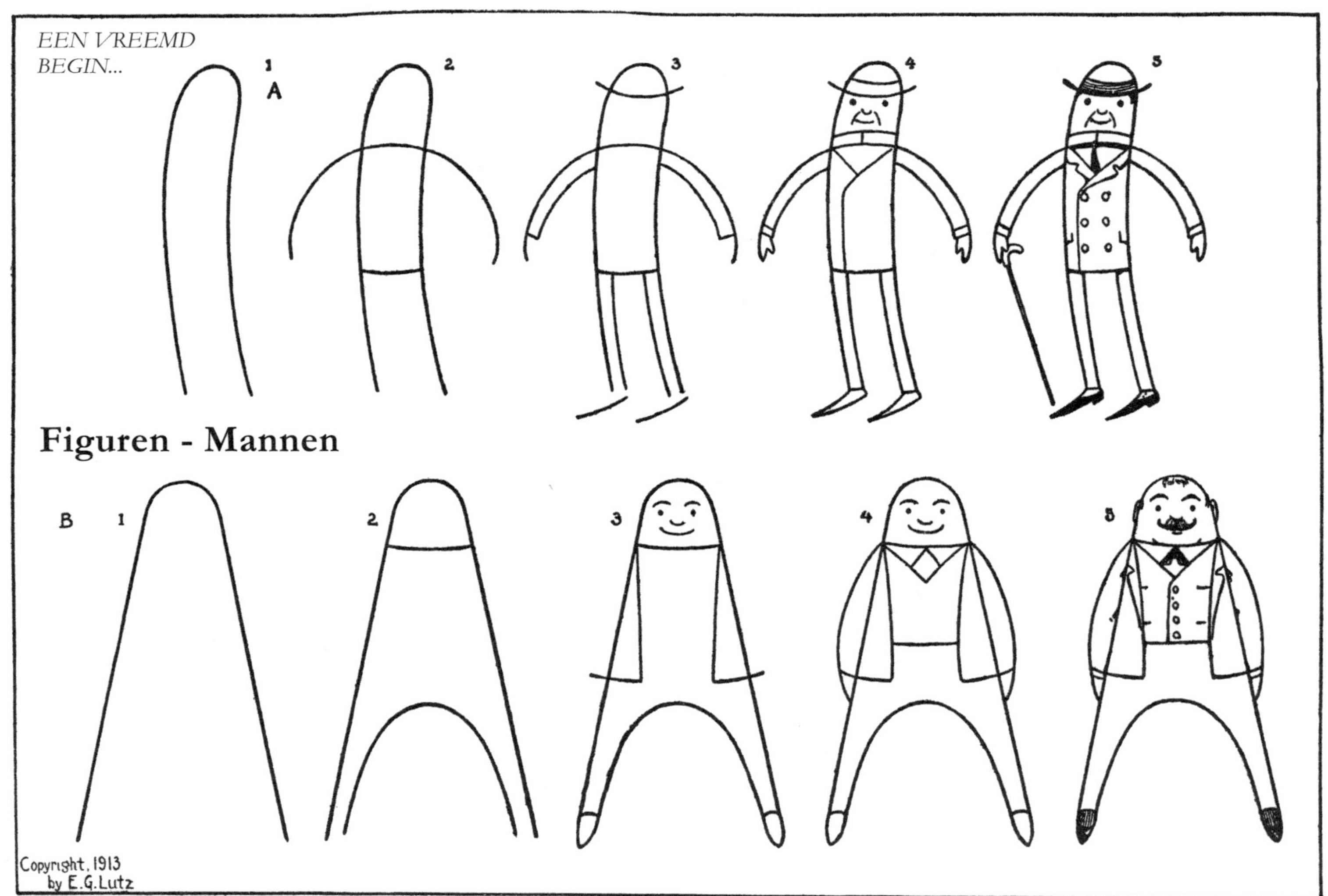
EEN VREEMD
BEGIN...
1
A
2
3
4
5
Figuren - Mannen
B
1
2
3
4
5
Copyright, 1913
by E.G. Lutz

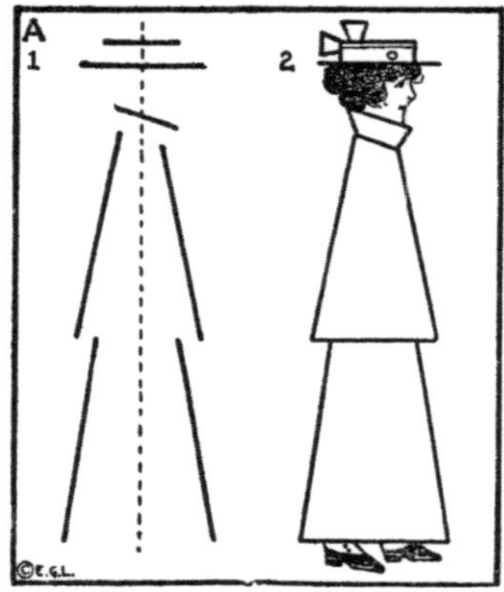
A
1
2
©E.G.L.

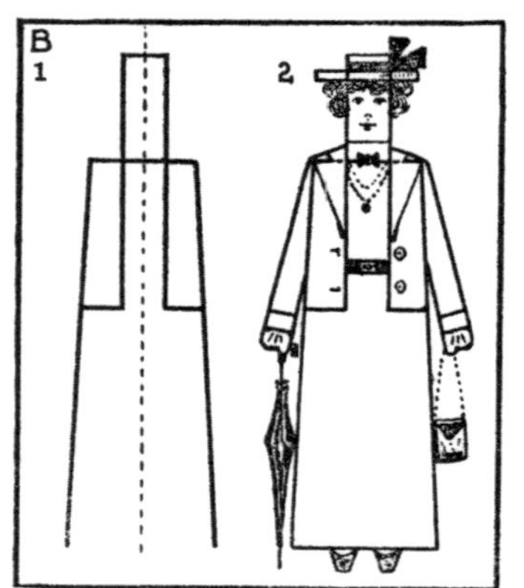
B
1
2

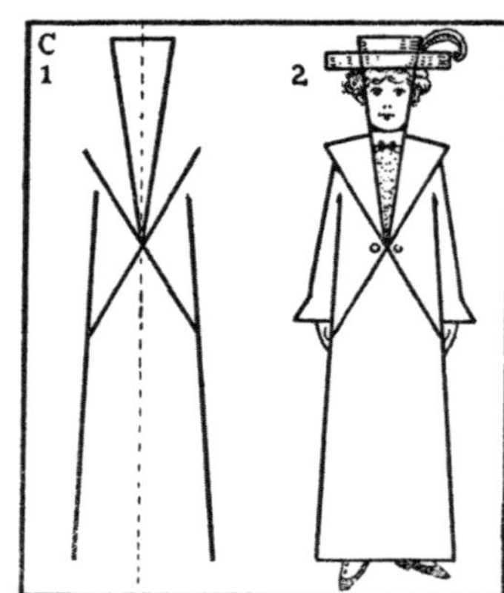
C
1
2

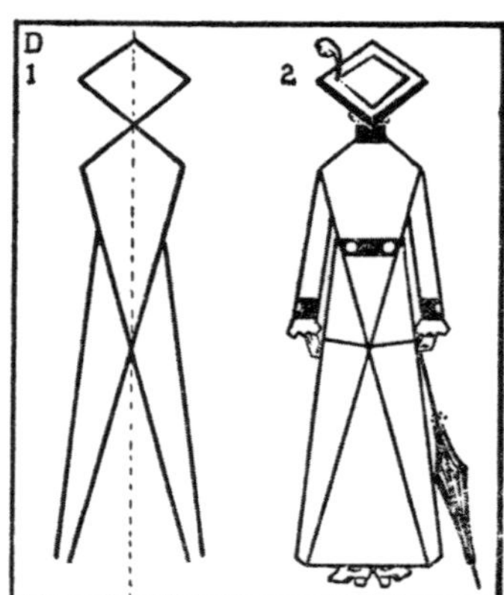
D
1
2

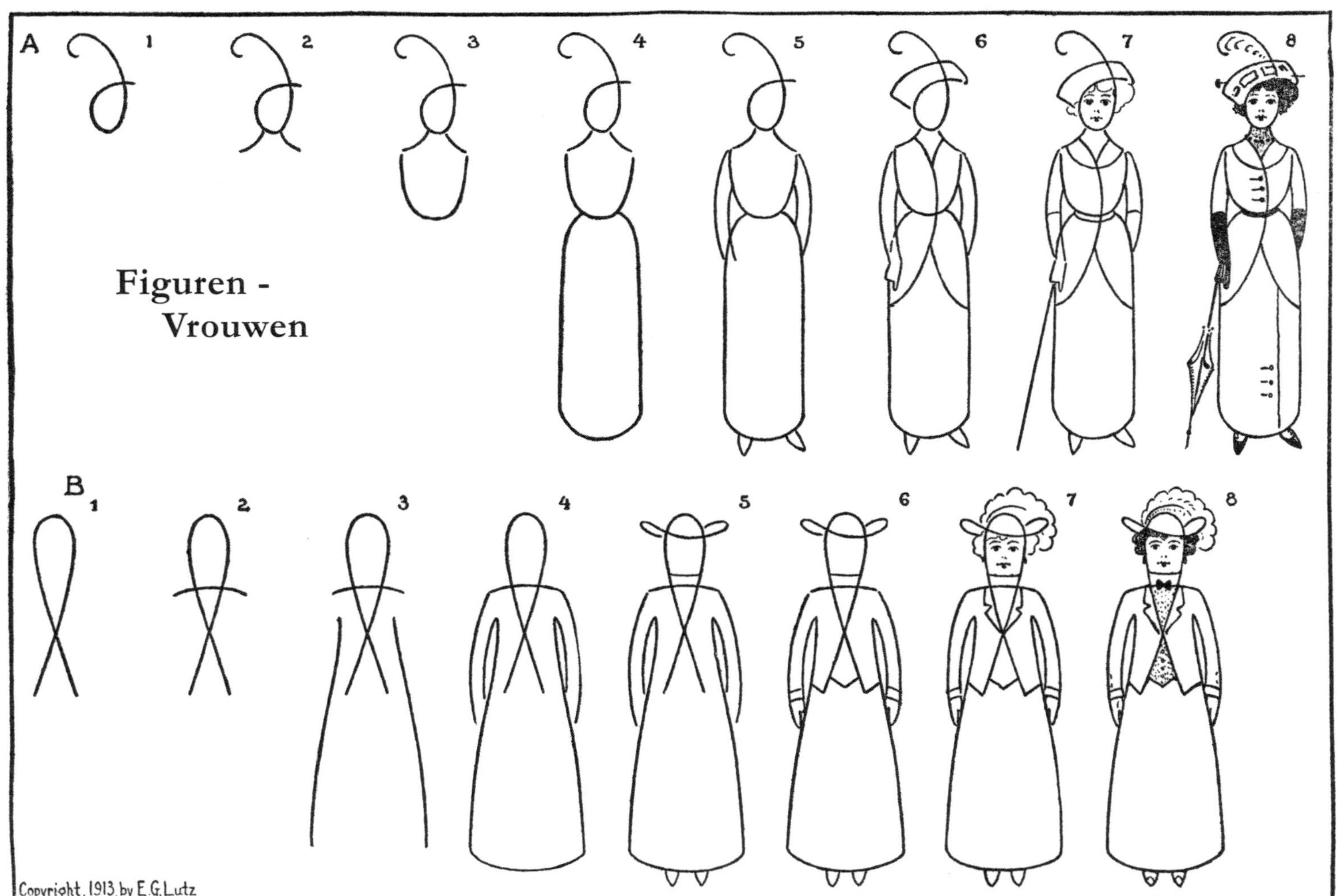
A
1
2
3
4
5
6
7
8
Figuren -
Vrouwen
B
1
2
3
4
5
6
7
8
Copyright, 1913, by E.G. Lutz

Een ovaal tekenen met je passer

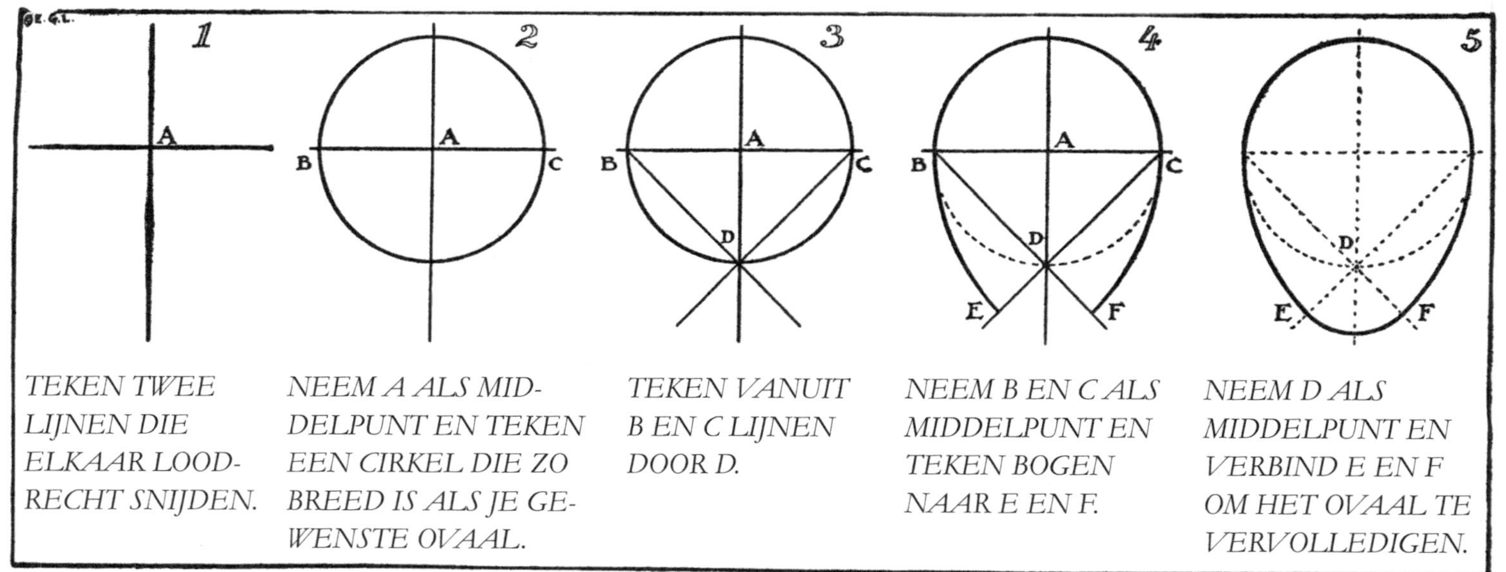

OVALEN EN ELLIPSEN TEKENEN

Kijk eerst goed naar het verschil tussen een ovaal en een ellips.

Op de volgende bladzijde zie je hoe je een ellips kunt tekenen. Eerst zul je de punten moeten vinden waar je de drie spelden moet prikken. De lengte van het touwtje pas je daaraan aan. Meet nauwkeurig! Gebruik een touwtje dat niet uitrekt. Katoengaren is prima voor kleine ellipsen, maar zijdedraad is te elastisch. Een ideetje voor tuiniers: je kunt op deze manier ellipsvormige bloembedden maken.

Ook voor een ovaal moet je trouwens heel nauwkeurig werken.

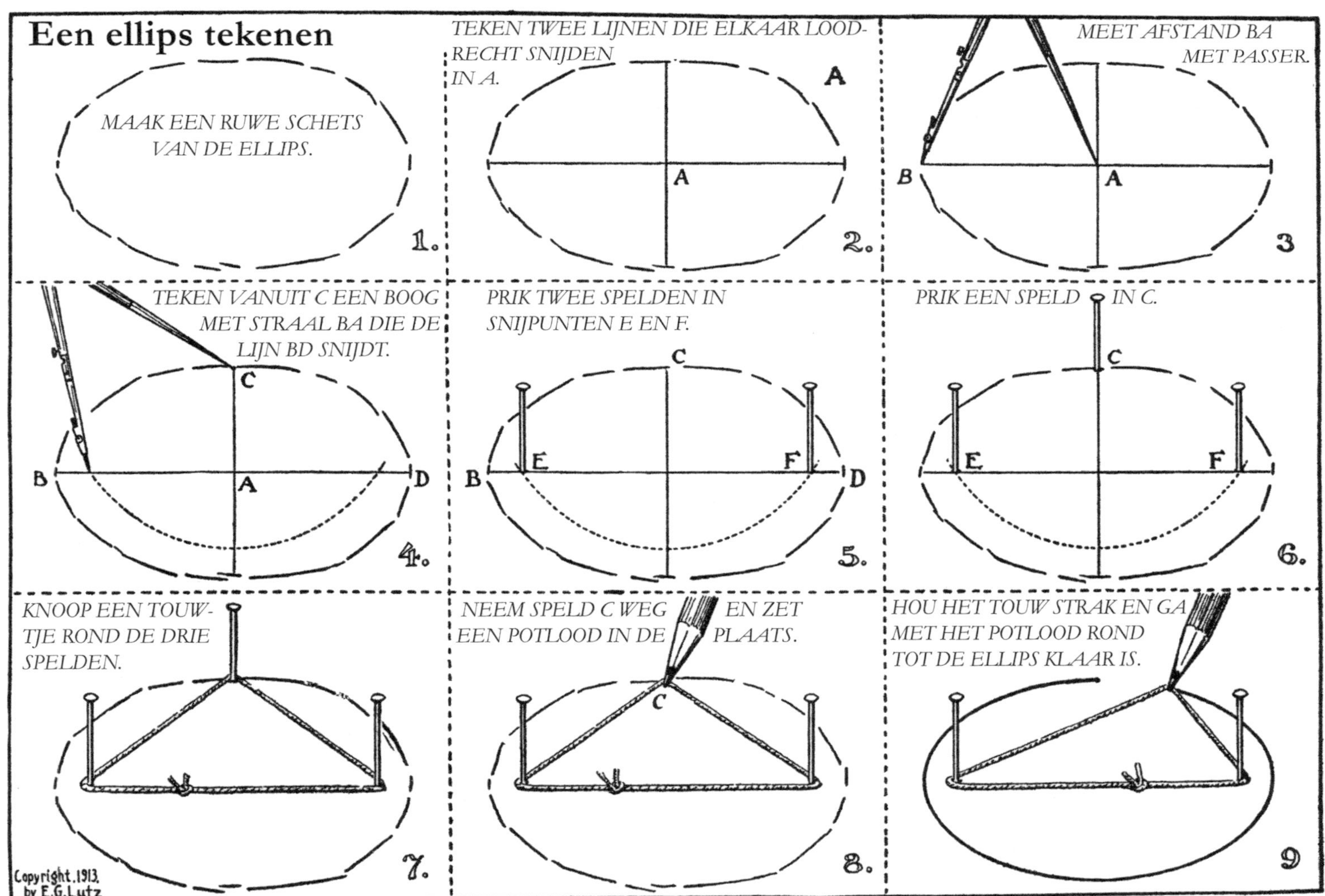
Een ellips tekenen
MAAK EEN RUWE SCHETS VAN DE ELLIPS.
1.
TEKEN TWEE LIJNEN DIE ELKAAR LOODRECHT SNIJDEN IN A.
A
A
2.
MEET AFSTAND BA MET PASSER.
B
A
3
TEKEN VANUIT C EEN BOOG MET STRAAL BA DIE DE LIJN BD SNIJDT.
C
B
A
D
4.
PRIK TWEE SPELDEN IN SNIJPUNTEN E EN F.
C
B
E
F
D
5.
PRIK EEN SPELD IN C.
C
E
F
6.
KNOOP EEN TOUWTJE ROND DE DRIE SPELDEN.
7.
Copyright. 1913. by E.G. Lutz
NEEM SPELD C WEG EN ZET EEN POTLOOD IN DE PLAATS.
C
8.
HOU HET TOUW STRAK EN GA MET HET POTLOOD ROND TOT DE ELLIPS KLAAR IS.
9

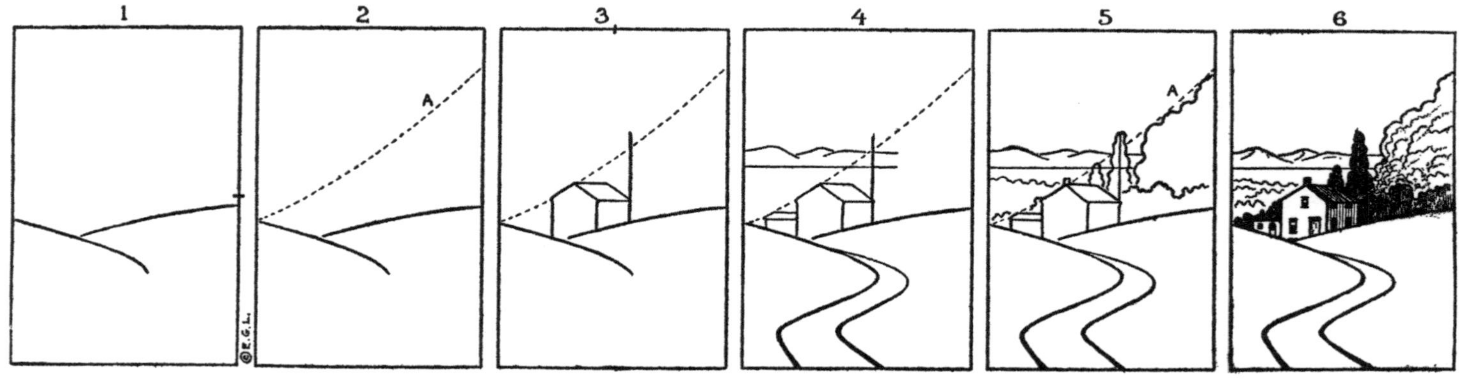
1
2
A
3
4
5
A
6
©E.G.L.

TIPS VOOR SCHILDEREN MET WATERVERF

Dit is een praktische lijst met basiskleuren. De eerste acht zijn in principe voldoende voor wat je ook wilt schilderen, maar als extra's kun je paars en oranje toevoegen. Gebruik het liefst verf die in blokjes ('napjes') geperst is.

Je zult zien dat er veel verschillende soorten rood, groen, blauw en bruin bestaan; een beetje verwarrend, dus geven we je de naam van de mooiste tinten van die kleuren ook mee. De nuttigste kleuren in de lijst zijn gele oker, scharlakenrood, Van Dijckbruin en Paynesgrijs. Leer ermee werken, gebruik ze vaak en kijk goed naar het resultaat. Zachte kleuren krijg je door verdunde toetsen gele oker en scharlaken. Met Van Dijckbruin kun je een heleboel mooie tinten maken.

Gebruik de felle kleuren met mate.

Je hebt geen zwarte verf nodig. Paynesgrijs gecombineerd met bruin, rood of groen geeft krachtige, donkere kleuren. Paynesgrijs is ook handig voor schaduwen en om andere kleuren donkerder te maken. Als je andere tinten groen wilt, meng het Hookersgroen dan met gele oker, blauw of bruin. Gebruik verdund rood en blauw voor het grijs in de verte en dat van de wolken.

©E.G.L

E.G.L
E.G.L.

E.G.L.

www.lannoo.com

ISBN 978 94 014 2967 2
D/2015/45/425
NUR 214, 476
Tweede druk

Dit boek verscheen voor het eerst in 1913. Deze editie is een (weliswaar Nederlandstalige) facsimile van het Engelstalige origineel.
Oorspronkelijke titel: What to Draw and How to Draw it
Oorspronkelijke uitgever: LOM Art, een imprint van Michael O'Mara Books Limited

Vertaling Lies Lavrijsen
Vormgeving cover Keppie & Keppie
Zetwerk binnenwerk Tatjana Matysik

Het papier in dit product komt uit verantwoord beheerde bossen, onafhankelijk gecertificeerd volgens de regels van de Forest Stewardship Council.